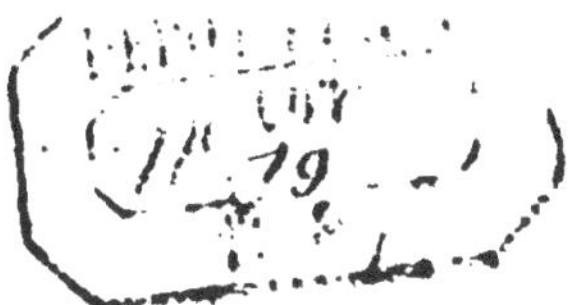

LA NATION ARMÉNIENNE

SON PASSÉ, SES MALHEURS,

par

Frédéric MACLER

Professeur à l'École des Langues orientales vivantes.

Avec une carte dessinée

par

Raphaël CHICHMANIAN

Prix : **4** francs.

Publié sous les auspices et au profit du « Comité protestant français proarménien. »

PARIS

LIBRAIRIE FISCHBACHER

33, Rue de Seine, 33

1924

Deuxième mille.

LA NATION ARMÉNIENNE

SON PASSÉ, SES MALHEURS,

par

Frédéric MACLER

Professeur à l'École des Langues orientales vivantes.

Avec une carte dessinée

par

Raphaël CHICHMANIAN

Prix : **4** francs.

Publié sous les auspices et au profit du « Comité protestant français proarménien. »

PARIS

LIBRAIRIE FISCHBACHER

33, Rue de Seine, 33

1924

à *Madame*

L. A. ALPIAR,

qui, en des jours d'horreur, symbolisa par son courage, son abnégation, son sang-froid, l'héroïsme surhumain des chrétiennes de Smyrne.

F. M.

AVANT-PROPOS

« Les Turcs ont passé là. Tout est ruine et deuil... »
Victor HUGO.

Les malheurs de la nation arménienne ont attiré sur elle l'attention de tous les hommes de cœur. Mais il n'est pas toujours facile de se renseigner sur la question arménienne.

On se propose ici d'indiquer en peu de mots ce qu'a été dans le passé l'Arménie ; comment, après une longue période d'asservissement, la nation arménienne a essayé de renaître, et comment la brutalité des Turcs servie par l'indifférence des gouvernements d'Europe et d'Amérique, a remis les Arméniens dans une situation pire que celle où ils ont été aux plus sombres moments du moyen âge.

I

NOTIONS GÉNÉRALES

[Qu'est-ce que la nation arménienne ? L'Arménie ancienne. Les Croisades. L'Arménie sous les Turcs et sous les Persans. Le réveil de la nation arménienne. Mouvement littéraire.]

Géographie. — Il est malaisé, pour ne pas dire impossible, de donner d'une façon précise les limites du vaste territoire qui, au cours des siècles, servit d'habitat à la nation arménienne. Le centre de gravité du monde arménien s'est énormément déplacé, suivant les moments ; il fut tantôt à Ani et au pied du mont Ararat ; tantôt à Erzeroum ou à Van ; tantôt enfin dans les montagnes, dans les vallées et sur les rives de la Cilicie.

Le territoire arménien est tout entier montagneux. C'est un grand massif qui s'étend du sud du Caucase jusqu'au Taurus cilicien ; il comprend de hauts plateaux, comme celui d'Erivan, qui est à 985 mètres d'altitude ; il est dominé par de hauts sommets, comme l'Ararat (5.810 mètres), l'Alagueuz, le Sipan. Il comprend les hautes vallées du Tchorokh qui tombe dans la mer Noire, de l'Euphrate et de l'Araxe qui se jette dans la Caspienne. Mais le débouché d'aucun de ces fleuves n'appartient au territoire arménien qui n'a touché la mer, à date ancienne, à aucun point. Quand les Arméniens ont touché la mer, au moyen âge, ils étaient complètement décentrés.

Cette constitution du pays a fortement contribué à former lé caractère du peuple arménien : cependant, habitants de hautes vallées, les Arméniens, à l'encontre des Kurdes, sont plus agriculteurs que pasteurs ; ce fut leur force, mais aussi leur faiblesse ; ils ont fini par être mangés par les pasteurs.

*
* *

Il y eut un moment dans l'histoire où le territoire arménien fut très étendu ; c'est sous le règne du roi Arsacide Tigrane, au premier siècle avant l'ère chrétienne. C'est de cette époque que date la division géographique de l'Arménie qui est devenue classique chez les géographes arméniens et étrangers, et dont l'onomastique et la toponymie ont persisté jusqu'à nos jours. C'est cette division territoriale que l'on fera brièvement connaître ici, en se basant de préférence sur les travaux de J. Saint-Martin, de Hübschmann et d'Alichan.

Les inscriptions assyriennes et vaniques, anté-arméniennes, attestent l'existence, au ix° siècle avant J.-C., d'un empire aux bords du lac de Van, qui est nommé *Biaina* dans les inscriptions en idiome local et *Ourartou* (Ararat) dans les inscriptions assyriennes. Les peuples qui constituaient cet empire étaient les *Khaldaioi* ou *Khaltiq*. Leur langue n'était ni arménienne, ni indo-européenne. On connait seulement les noms de quelques-uns de leurs rois.

Il faut descendre au temps du roi Darius (522-486) pour trouver le nom d'Arménie. Les inscriptions de ce roi (Béhistoun ou Bissoutoun) mentionnent l'Arménie, qui figure toujours à côté de la Cappadoce.

Lorsque Xénophon traversa l'Arménie (401/400), il trouva le fleuve Kentrites (Bohtan-sou, au sud du lac de Van) comme limite entre le pays des Kardouks et l'Arménie, qui était alors sous la domination persane. L'Araxe supérieur servait alors de frontière septentrionale à l'Arménie. Il est impossible de dire avec précision quelles étaient ses frontières à l'est et à l'ouest.

Tigrane le Grand réunit la Sophène et la Gordyène à l'Arménie, et depuis cette époque la notion d'une grande Arménie est restée à peu près la même chez les écrivains arméniens. Mais ce territoire arménien fut partagé tantôt entre les Persans et les Byzantins, tantôt entre les Arabes et les Byzantins, tantôt entre les Turcs et les Persans, tantôt enfin entre la Russie, la Perse et la Turquie.

Ce vaste territoire arménien, jusqu'à la chute des Arsacides (428 de J.-C.), comprenait, d'après les géographes arméniens, 189 cantons répartis dans 15 provinces dont voici les noms : Haute-Arménie, 4ᵉ Arménie, Aghdzniq, Touroubéran, Mokq, Kordjéq, Persarménie, Vaspourakan, Arthsakh, Siuniq, Phaïtakaran, Outi, Gougarq, Taïq et Aïrarat.

I. **Haute-Arménie.** — C'est la ville et la contrée de Karin (Erzeroum). Cette province est ainsi nommée, non parce qu'elle est plus haute que le reste de l'Arménie, mais parce que, d'après une vieille tradition locale, elle est le point culminant de toute la terre, puisqu'elle envoie ses eaux dans les *quatre* directions du pays. Elle donne en effet naissance à l'Euphrate vers l'ouest, à l'Araxe vers l'est, au Gaïl (Lycus) vers le sud, au Djorokh ou Tchorokh vers le nord. Une tradition médiévale y place le paradis terrestre.

Les principaux cantons de cette province étaient: *Daranali*, avec les localités célèbres d'Ani, Thordan, le mont Sépouh avec les fameuses cavernes de Manê ou Mani. La citadelle d'Ani (non la ville du même nom) se nomma plus tard Kamakh, correspondant à l'actuel Gamakh.

Le village de Thordan est aujourd'hui insignifiant, avec un monastère, sur la rive occidentale de l'Euphrate, et dans l'église duquel on montre les sépultures de Grégoire, l'Illuminateur de l'Arménie, et de ses descendants.

Le mont Sépouh ou Kohanam est célèbre dans la tradition arménienne par l'épée miraculeuse, suspendue en l'air, et nommée Hawhali, du roi Tiridate, que Grégoire l'Illuminateur transforma en croix et que ceux-là seuls qui en sont dignes peuvent voir. C'est sur le mont Kohanam que Grégoire l'Illuminateur descendait à genoux, pour se rendre à Jérusalem, afin d'obtenir la rémission des péchés de son père Anak ; Dieu lui apparut et lui envoya des séraphins pour l'empêcher de continuer à se torturer ; il leur obéit et fonda à cet endroit le couvent des Saints Séraphins.

Autres cantons: *Ariudz* ou *Aliun ; Mzour* ou *Memdzour*, à l'ouest de la ville d'Akn ou Éghine ; *Ekéliats*, l'Akilisênê de Strabon, célèbre par le culte d'Anahit dont le principal sanctuaire était à Erez (Erizah-Erzenga) ; le district de *Til* avait le temple de Manê, au pied oriental du mont Kohanam. *Mananali* est le nom d'une contrée et d'un affluent important de l'Euphrate ; *Derdjan*, la Derxêne de Strabon et de Pline, actuellement Terdjan, a pour ville principale Mamakhathoun. *Sper* était la résidence des Bagratounis (Bagratides), chargés de couronner les rois d'Arménie; se nomme actuellement Ispir (Hyspiratis de Strabon), où Alexandre envoya son général Memnon, pour s'emparer des mines d'or de Cambala. Enfin *Chalgamq* ou *Chalagom*, peu connu, et la ville et le canton de *Karin* (Erzeroum), devenu le Qaliqala des Arabes ; c'est l'ancienne Théodosioupolis de l'époque byzantine.

II. Quatrième Arménie. — C'est la contrée de Tsophq, à côté de la Haute-Arménie ; était limitée par la ville de Mélitène à l'ouest, par la Mésopotamie au sud et par le Taron à l'est. L'ancien nom arménien, Tsophq, persista jusqu'au moment où, en 536, Justinien créa le nom et la province de 4ᵉ Arménie, et en fit la Sophène.

Principaux cantons : *Khordzian*, dans le N.-E. ; se trouvait entre Kitharizon et Théodosioupolis et s'allongeait sur une étendue de trois jours de marche, n'étant séparé de la Persarménie par aucune limite naturelle ; *Hachtiunq*, où le Tigre prend sa source ; était, d'après Moïse de Khorên, le patrimoine des cadets de la maison royale des Arsacides ; *Palnatoun*, où l'on voit encore les restes d'une forteresse chaldéenne et une inscription de Menuas : c'est l'actuel *Baghin*, au N.-O. de Palou ; *Balahovit*, au sud de Palnatoun, comprenait le territoire autour de Palou, sur le Mourad-sou ; *Tsophq*, la Sophène des Grecs, déjà mentionné sous la forme *Supani* dans une inscription chaldéenne de l'an 800 avant J.-C.; s'étendait à l'O. jusqu'à l'Euphrate près de Mélitène, et au S.-E entre le Taurus et l'Antitaurus, dans la direction du Tigre ; *Handzith*, entre l'Ingilène et la Sophène, se trouvait entre l'Euphrate et les sources du Tigre ; célèbre par la forteresse de Kharberd (Kharpout), et par la plaine fertile où, en 1781, un voyageur italien, compta plus de cent villages florissants.

Cantons moins importants : *Degiq*, difficile à situer ; était peut-être à l'O. de Tsophq ; Goreq (ou Doreq) correspond peut-être au Korek actuel, au sud du Mouradsou ; *Angel-toun*, entre les deux Tsophq, joue un rôle important à l'époque arsacide. Le principal endroit, qui a donné son nom au canton, et qui était un des trésors royaux au ivᵉ siècle, était la forteresse de *Angel*, devenu un siège épiscopal important ; actuellement *Egil*, sur le bras du Tigre dénommé Arghana-sou. Le canton d'Angeltoun semble, au cours du viᵉ siècle, avoir été rattaché au canton de Sophanène, et son nom disparaît avec ce dernier, lorsque la Sophanène, en 591, fut réunie, sous le

nom de Nphrkert, à la province de la Mésopotamie supérieure.

III. **Aldzniq** (Aghdzniq, Arzanène). — A l'est de la Mésopotamie et au nord du Tigre. Ce pays appartenait déjà au
royaume de Zariadris. Lorsque Tigrane pénétra dans ce
royaume, il l'érigea en marquisat, qui depuis fut toujours
placé sous le gouvernement d'un prince. En 297 après J.-C.,
cette province tomba au pouvoir des Romains ; en 363
elle échut à la Perse jusqu'en 591, date à laquelle, jointe
à la Sophanène et au territoire limitrophe de la Mésopotamie, elle devint la province romaine de la Mésopotamie
supérieure.

Principaux cantons : *Nphrkert*, nom du canton et de la
ville principale, connue aussi sous les noms de Martyro-
polis, de Maïfarqet, de Mayafariqin ; *Aldzn* ou *Arzn*, dans
le voisinage du Taurus arménien ; *Qél*, *Kétik*, *Tatik*,
entre le Bitlis-sou et Khizan, un beau plateau alpestre,
Aznvats-tzor « vallée des nobles » ou « vallée noble »,
Kherhetq ou *Serkhet*, peut-être l'actuel Seört ou Sert ;
Gzél ou *Gezel*, peut-être Guzeldere, au S.-O. du lac de Van;
Salnatzor ou *Salnoh tzor* ou *Salatzor* « vallée de Salun ou
Salin », sur la rive supérieure et à l'E. du Batman-sou ;
enfin *Sanasoun*, ou *Sasounq*, ou *Sassoun*, compris entre
le mont Sim, le canton de Tarôn, et touchait, à l'E., le
Touroubéran.

IV. **Touroubéran**, ou **Taroubéran**, ou **Taraun**, ou
Tarôn, à l'est de la IVe Arménie. — Principaux cantons ·
Khoith, l'actuel *Khouth*, dont les habitants passaient, au
moyen âge, pour être très sauvages ; *Aspahouniq* ; *Ta-
raoun*, canton célèbre et bien connu, avec Achtichat, capitale spirituelle de l'Arménie au IVe siècle ; le couvent
célèbre de Saint Karapet ; Olakan, forteresse du Mamiko-
nien Mouchel au IVe siècle ; Mouch, capitale du Tarôn ;

Achamouniq ou *Archamouniq,* au nord de la province, près du Bingueul dagh ; *Mardali* ou *Sevouk berdak',* au S. de Karin, à l'O. du Pasin-sou ; *Harq* près de la ville de Manazkert (Mélazgerd) ; *Bznouniq,* nom de famille très connu, avec les villes de Khelath (Akhlat), Ardzkê, au N. du lac de Van ; *Aliovit,* au N.-E. du lac de Van, où l'on voit les ruines d'Ardjèch, ville engloutie dans les eaux du lac de Van au xix⁰ siècle de notre ère ; *Apahouniq,* au pied du Masis ou grand Ararat avec Manaskert comme ville principale ; *Khorkhorouniq,* etc, etc.

V. **Mokq.** — A l'est de l'Aldzniq, dans le Taurus arménien ; cette province est nommée seulement au ivᵉ siècle, parmi les cinq provinces transtigridiennes qui passèrent, en 363, à la Perse ; passa ensuite au pouvoir de Rome ; puis, au viiᵉ siècle, à la suite de l'invasion arabe, *Muks* devint un canton de la province de Vaspourakan.

Principaux cantons : *Ichaïr,* l'autre *Ichaïr, Ichuts gawar, Arvenits tzor,* etc.

VI. **Kordjeq.** — A l'E. de Mokq ; s'étendait à l'O. du lac d'Ourmiah, dans le voisinage de la ville persane de Salamas.

Principaux cantons : *Kordouq* (Corduena), formait la partie méridionale de la contrée qui était séparée de l'Assyrie par le Khabor ; *Aïlvanq, Aigarq, Motholanq; Poqr* (petit) *Albak,* autour de Djoulamerk ; *Medz* (grand) *Albak,* près de Bouch-Kala ; Tmoriq, forteresse célèbre du canton des Kordiq (Kurdes).

VII. **Persarménie (Parskahaïq).** — Ce nom ne figure pas chez les anciens écrivains arméniens ; il apparaît seulement au xᵉ siècle chez Thoma Ardzrouni. Les anciens écrivains arméniens ne parlent que des cantons de Her et de Zarévand ; s'étendait à l'O. et au N. du lac d'Ourmiah ;

était une partie importante de l'Atropatène, Atrpatakan, Aderbéidjan.

Principaux cantons : *Aïli, Mari, Arisi, Zarévand ; Her,* près de Salamas, l'ancien Khoï au N. du lac d'Ourmiah.

VIII. Vaspourakan. — Ce mot désigne en pehlevi la plus haute classe de la noblesse dans l'empire sassanide et, par suite, le pays de la haute noblesse.

Principaux cantons : *Rchtouniq,* nom de famille ; canton situé entre Mokq et le lac de Van, comprenait les deux îles d'Akhthamar et d'Arti, et la presqu'île de Manzkert ; *Tosb* (jadis Thespis), à l'est du lac de Van ou des Bznouniq, avec Van pour capitale ; *Bodoniq, Arbérani* avec les îles de Lim et de Tjeqatan, *Garni, Bznouniq, Antsvatsiq, Atrpatouniq, Ervandouniq, Mardastan, Nakhdjovan, Marand,* au N.-O. de Tauris, etc.

IX. Siwniq, ou Siouniq, ou Siounie. — Sur l'Araxe, entre ce fleuve et la province d'Ardzakh à l'E. de l'Aïrarat. Nom vieux et fréquent dans la littérature arménienne. Ce pays se nomme *Sisakan* chez les Perses, puis chez les Syriens et chez les Arabes.

Principaux cantons : *Erndjak,* actuellement Alindja, sur les bords de l'Alindja-tchaï, un affluent de l'Araxe ; *Tjahouk,* sur le cours supérieur du Tjagri-tchaï, dans le voisinage duquel se trouve la ville de Nakhitjewan ; *Vayots-tzor,* sur le cours supérieur de l'Arpa-tchaï ; *Gélarqouni,* avec le lac Sevanga ou Goktchaï, ou lac Gélam ; *Sotq,* au S.-E. du lac de Gélam ; *Areviq,* actuellement Melri, entre Dzorq et l'Araxe ; *Kosakan* ou *Grham,* à l'E. d'Areviq, sur l'Araxe.

X. Arthsakh ou Ardzakh. — Dans le voisinage de la Siounie.

Principaux cantons : *Haband, Vakouniq, Moukhanq,*
etc. La géographie arménienne ancienne ne donne aucun
renseignement précis sur la situation des cantons
d'Ardzakh.

XI. Phaïtakaran. — Province et ville du même nom,
s'étendait presque jusqu'aux rives de la mer Caspienne,
au confluent du Kour et de l'Araxe ; devenu le Baïlaqan
des Arabes.

Principaux cantons, fort peu connus : *Vardanakert,
Bagavan, Alevan,* etc.

XII. Outi. — Province contiguë à l'Albanie du Caucase
et au Kour (ou Koura), à l'O. de l'Araxe, entre l'Ardzakh
et le Kour. Etymologie inconnue.

Principaux cantons, difficiles à identifier : *Aranrot,
Tri, Alvê, Gardman,* etc. Ville principale : Partav, devenue Barda'a chez les Arabes. On mentionne dans l'Outi
le canton de *Tavouch,* le pays des Sévordiq, contrée située
au S. du Hasan-sou.

XIII. Gougarq. — Contigu à la Géorgie, à l'O. de l'Outi,
contrée très fertile, de l'autre côté du Kour. Le sud du
pays, le *Tachir,* a été arménisé de bonne heure et porte
chez les Géorgiens le nom de Somkhéthi.

Principaux cantons : *Dzorophor* ou *Dzoraphor,* avec
la forteresse de Kayan et le couvent de Getik, sur la rive
droite du fleuve d'Akstafa ; *Kolbophor,* avec ses salines ;
Tachir, ville principale: *Lori ; Ardahan ; Djavakhq,* avec
la ville d'Akhalfalaqi, etc. Une partie de ce canton fit sou-
vent partie de la Géorgie. La partie arménienne de ce canton se trouvait sur la rive droite du Tchorokh.

XIV. Taïq. — Contigu aux Egériens (ancienne Col-
chide), à côté de Gougarq ; comptait de nombreux châ-

teaux-forts et forteresses. Appartenait, au iv⁰ siècle, à la célèbre famille des Mamikoniens. Ses anciens habitants sont les *Taokhoï* dont parle Xénophon.

Principaux cantons : *Kol*, à l'est, aux sources du fleuve Kour ; *Berdatsphor, Djakatq, Oqalé, Azord, Kaphor*, etc.

XV. **Ararat ou Aïrarat.** — Situé au centre des provinces et cantons ci-dessus mentionnés.

Principaux cantons : *Basean*, le Basen sans bois, devenu le *Pasin*, ou *Vanand*, au cours supérieur de l'Araxe ; principales localités : Dou, Ordorou, Okomi, Aksigoms, Avnik, Valarchavan, etc ; *Gabélianq, Abélianq*, noms de familles ; *Vahavouniq*, au N. de l'Araxe ; *Archarouniq*, avec les villes d'Ervandachat, Ervandakert, Bagaran, Artagerq, etc ; *Bagrévand*, avec les villes de Valarchakert (Toprak-kalé), Bagouan, Zaréhavan, etc ; *Tsalkotn*, avec les localités de Oskiq, Angl, Chahapivan, etc. Le *Vanand* ou Basen supérieur et déboisé, avec les villes de Kars, Zarichat, etc ; *Chirak ; Aragatsotn*, avec les localités de Ochakan, Arudz, Achnak, etc ; *Kotaïq*, avec Erivan ou Erévan ; *Varajnouniq*, sur le fleuve Hrazdan, avec Dwin (arabe : Dabil), résidence des catholicos arméniens, du v⁰ au vii⁰ siècle.

⁕⁕⁕

Petite Arménie. — Les quinze provinces dont il vient d'être question constituaient la Grande Arménie. On a donné le nom de Petite Arménie aux territoires arméniens situés à l'ouest de l'Euphrate ; c'était un groupe distinct de ceux qui étaient à l'est de ce fleuve. Ce terme désigna d'abord la région comprise entre le Lycus, le Halys et l'Euphrate septentrional ; le territoire s'étendit vers le sud, comprenant la région située entre Mélitène et Césarée de Cappadoce. C'est par erreur et par un abus de langage qu'on a appliqué l'expression de Petite Arménie à la Cilicie arménienne.

La Petite Arménie comprenait :

1° La *Première Arménie*, capitale : Césarée de Cappadoce, villes principales : Bizou et Kizistra, et se composait de la partie orientale de la Cappadoce, allant jusqu'aux rives de l'Euphrate, ayant pour limite au nord la seconde Arménie, et au sud la troisième Arménie ;

2° la *Seconde Arménie*, capitale : Sébaste (Sivas), villes principales : Eudocie (Tokat), Tephrice, Akn, Arabkir, Colonia; était au nord de la Petite Arménie, comprenait une partie de la Petite Arménie et des territoires du Pont et de la Cappadoce ;

3° la *Troisième Arménie*, capitale : Mélitène, villes principales : Dzamndaw, Honi, Kokison, etc ; était limitée au N. et à l'O. par la première et la deuxième Arménie, à l'E. par l'Euphrate, au S. par la Cilicie et l'Euphratèse ;

4° l'*Euphratèse*, située sur les bords de l'Euphrate, formait la partie septentrionale de la Syrie ; villes principales : Chamichat (Samosate), Qésoun, Romklah, Aïntab, etc. (1)

Cilicie ou *Arméno-Cilicie*. — C'est à tort qu'on a dénommé cette province *Petite Arménie*. Les Arméniens y furent de tout temps très nombreux et très actifs. Mais c'est seulement à la fin du xi° siècle de notre ère que la Cilicie devint une nouvelle patrie et un nouveau royaume des Arméniens.

On la divisait, comme de nos jours, en *Cilicie des plaines*, fertile, bien boisée, au nord, avec villes princi-

---

(1) Cf. *Histoire universelle* par ETIENNE ASOLIK DE TARÔN, traduite de l'arménien... par Frédéric MACLER..., 2° partie,... (Paris, 1917), p. xxi-xxxi.

pales : Tarse, Issus, Anazarbe, et en *Cilicie âpre* ou *Trachée*, froide, pauvre, couverte de forêts, avec villes principales : Sélinonte, Séleucie, etc. Pendant la domination arménienne, xi°-xiv° siècles, le commerce était très actif entre l'Arméno-Cilicie et les villes de Gênes, Venise, Marseille, Montpellier et Barcelone. Cette contrée, jadis si florissante, tomba en décadence le jour où elle passa sur la domination turque.

L'exposé géographique qui précède, si sommaire soit-il, paraîtra peut-être un peu long. Il n'était pas inutile d'entrer dans quelques détails pour montrer ce que fut jadis le vaste territoire arménien, alors qu'on lui refuse aujourd'hui de quoi loger ses propres enfants.

Histoire. — L'origine du peuple arménien est entourée de beaucoup d'obscurités, comme l'est au demeurant l'origine de tous les peuples. Il paraît certain que l'Arménie, ou la contrée géographique que l'on dénomme Arménie depuis les temps historiques, n'a pas toujours été habitée par le peuple que l'on a appelé dans la suite arménien. Les inscriptions cunéiformes, connues sous la dénomination de *vaniques* ou *arméniaques*, et qui sont répandues sur tout le territoire de ce pays, écrites en une langue inconnue, indiquent que le pays était habité, sinon sûrement par une race différente, du moins par un peuple parlant une langue qui n'est pas l'arménien, langue que nous connaissons par l'arménien classique ou *grabar*. (1)

Ces inscriptions cunéiformes, qui ont été en partie déchiffrées, parlent de différents royaumes plus ou moins

---

(1) Cf. A. MEILLET, *Esquisse d'une grammaire comparée de l'arménien classique* (Vienne, impr. des PP. Mékhitharistes), in-8°, viii + 116 pages.

importants, qui composaient l'ensemble du pays. Quelques-uns de ces rois, furent assez forts pour se mesurer avec la puissance assyrienne, parfois même avec succès.

La première mention qui ait été faite du peuple arménien se trouve dans l'inscription achéménide de Darius, gravée vers 5r5 avant J.-C., à Bissoutoun, où il est dit que l'Arménie forme une satrapie faisant partie de l'empire de Darius. Il semble que l'Arménie soit restée dans cette situation jusqu'au moment où deux royaumes d'Arménie — un ciseuphratien et un transeuphratien — aient existé côte à côte. Cet état de choses dura jusqu'à l'époque des Séleucides, où l'Arménie tomba, pour un laps de temps très court, sous la domination des successeurs d'Alexandre.

La victoire de Scipion l'Asiatique libéra l'Arménie de la domination séleucide. Après qu'elle eut été soumise à quelques rois indigènes, on voit tout à coup l'Arménie prendre un grand essor et briller d'un éclat remarquable sous Tigrane le Grand, que l'on connaît par l'histoire générale et par les auteurs classiques. Ce monarque, qui fut appelé à juste titre le *roi des rois*, titre qui n'était porté jusqu'alors que par les souverains parthes et mèdes, agrandit considérablement les limites de l'Arménie, en s'emparant successivement de la Cappadoce, de la Cilicie, de la Syrie et de la Mésopotamie. Etant le gendre de Mithridate, roi de Pont, il fit alliance avec lui pour porter atteinte à la domination romaine en Asie Mineure.

Le Sénat romain envoya de nombreuses légions pour défendre ses possessions d'Asie contre le roi d'Arménie. La lutte dura une trentaine d'années et, finalement, Tigrane fut vaincu et l'Arménie réduite à l'impuissance ; une partie passa sous la domination romaine ; l'autre partie continua à mener une vie indépendante.

A partir de cette époque, la dynastie arménienne était sous l'influence, tantôt de Rome, tantôt des Parthes. Cette situation se prolonge jusqu'au règne du roi Tiridate III, où une révolution importante se produit au sein du peuple arménien : sa conversion officielle au christianisme, dans les premières années du IV° siècle ; à cette date, une partie de l'Arménie était sous la domination persane ; l'autre partie jouissait d'une indépendance relative.

La royauté arsacide d'Arménie prend fin en 428 de notre ère et, à partir de cette date, l'Arménie n'a plus de royauté nationale jusqu'à la fin du IX° siècle. Pendant ce temps, le territoire fut gouverné par des *curopalates* pour le compte de Byzance, par des *marzpans* (marquis) pour celui de la Perse. A la fin du VII° siècle, les Arabes s'emparèrent d'une partie du pays qu'ils font gouverner par des *ostikans*, soit arabes, soit indigènes. Mais, pendant ces longs siècles, la nation arménienne n'était pas morte : le *catholicos* ou chef suprême religieux présidait à sa destinée.

Après les Arsacides, la première dynastie arménienne qu'on rencontre est celle de Siounie ou des Siwniq (IV°-VIII° siècle), qui, avant les Bagratides, régnèrent en Arménie. L'exposé historique en est donné par ALICHAN, *Sisakan* (Venise, 1893), in-fol., pp. 14-17.

Dans la deuxième moitié du IX° siècle, parmi les familles arméniennes féodales qui possédaient le pays, l'une, celle des Bagratouniq ou Bagratides, s'était fait remarquer par son zèle patriotique et par sa politique prévoyante (1). Aussi le calife de Bagdad, Moutawakil, accorda-

------

(1) Déjà, du IX° au X° siècle, les rois bagratides comprirent l'importance d'un *débouché sur la mer*. Ils avaient d'abord pensé à la mer Noire. Mais, par suite des difficultés provenant de la chaîne Pontique, ils se tournèrent vers le sud. C'est alors qu'ils envoyèrent quelques colonies (soldats et commerçants), qui se dirigèrent vers le Taurus. Dès qu'ils apprirent la chute des Bagratides et la ruine de la grande Arménie, ces colons cherchèrent à dominer le pays, dont ils finirent par devenir maîtres. C'est alors que Rouben se fit proclamer baron. Ce point d'histoire de la civilisation arménienne est signalé ici pour la première fois ; il est basé sur une communication orale qui m'a été faite par le D' Torkomian. Il a relevé ce renseignement

t-il à Achot le Bagratide le titre de *Prince des princes* (859), dont Mohammed Billah fit un roi vers 885 ou 886. L'empereur de Byzance, Basile Ier, qui était lui-même d'origine arménienne arsacide, s'empressa de reconnaître le roi d'Arménie, Achot.

Cette dynastie bagratide dura deux siècles environ ; elle fit tous ses efforts pour conserver à l'Arménie son indépendance, en cherchant à la protéger contre les attaques venant du dehors.

Mais un royaume arménien concurrent s'était constitué sur la limite de cette Arménie indépendante. C'était le royaume de Vaspourakan, avec Van pour capitale, et dont les rois appartenaient à la famille des Ardzrouniq.

Les premières invasions des Turcs Seldjoukides et les campagnes militaires des Byzantins en Arménie mirent fin à ces deux royaumes arméniens. La capitale bagratide, Ani, foyer de civilisation intense, fut prise d'assaut en 1045 par Alp Arslan, et c'en fut fait de la puissance bagratide. Quant au dernier roi du Vaspourakan, Sénéqérim, il avait été obligé de céder ses états, en 1023, à Basile II, basileus de Byzance ; il avait reçu en échange la ville de Sivas (Sébaste) avec ses environs, où il émigra avec 40.000 Arméniens, et où il régna cinq ans, jusqu'en 1027.

Un troisième royaume arménien avait été fondé à Kars, en 962, par Mouchel Bagratide, frère d'Achot III, roi d'Ani. Sa durée fut éphémère et son dernier roi, Gagik, inquiété par les Turcs, céda son territoire aux Grecs et reçut en échange les villes de Dzamentaw, Komana, Amasia, etc, en 1064.

---

dans un manuscrit arménien du xviie siècle, écrit par un certain Agop de Sis, manuscrit qui se trouvait à Van, et que possédait le catholicos Khrimian Haïrik. Le Dr Torkoman possède une copie de ce fragment. — Voir, en outre, mon article *La Cilicie, porte maritime de l'Arménie*, dans *L'Acropole*, revue mensuelle, n° de novembre 1920, p. 226-234.

Devant les invasions des Turcs Seldjoukides, les grandes familles féodales de la Grande Arménie émigrèrent vers le sud-ouest, Taurus et Amanus, où régnaient les *basileis* byzantins. Cette émigration était encouragée par les empereurs de Byzance, qui leur accordaient des fiefs, pour défendre les places fortes du Taurus. Quand ces seigneurs féodaux arméniens arrivèrent en Cilicie, ils y trouvèrent un pays habité en grande partie par des Arméniens. Aussi furent-ils reçus à bras ouverts, aussi bien par le peuple que par les chefs de forteresses, dont la plupart étaient Arméniens.

Parmi les nouveaux arrivants, le prince Ruben (Roupen), parent du dernier roi bagratide d'Ani, Gagik II, échappé au guet-apens grec où périt ce dernier roi, à Sibistra (1079), s'établit à l'endroit appelé Bardserpert « forteresse élevée », sur un affluent du Djihoun, à une trentaine de kilomètres de Sis. Ce Ruben, ou Rouben, ou Roupen, est considéré comme le fondateur de l'indépendance arménienne en Arméno-Cilicie.

De son nom furent nommés Rubénides ou Roupéniens les nouveaux potentats qui gouvernèrent l'Arméno-Cilicie, d'abord comme *barons*, 1080-1196, puis comme *rois*, 1196 jusqu'à la chute de cet unique royaume chrétien de l'Asie antérieure, en 1375.

Il convient de relever que les Arméniens de Cilicie furent les seuls chrétiens qui fournirent une aide efficace aux Croisés, lorsque ceux-ci se furent engagés dans les gorges inextricables du Taurus et de l'Amanus, poursuivant leur route vers la Syrie. A plus d'une reprise, les Croisés durent leur salut aux Arméniens, alors qu'ils étaient sans cesse harcelés par les Byzantins, par les Seldjoukides et par les Arabes. Les Arméniens leur fournirent des hommes, des guides, des munitions et des armes.

Leurs services furent si appréciés que les papes exprimèrent aux princes arméniens leur reconnaissance pour les services rendus par eux à la chrétienté.

Pour ces mêmes services, plus tard, le chef de la 3ᵉ croisade, Frédéric Barberousse, promit à Léon II le titre de roi. L'empereur marchait vers la Cilicie pour accorder cette suprême récompense aux Arméniens, lorsqu'il se noya dans le Calycadnus (Gueuk-sou). De ce fait, le couronnement du roi d'Arménie fut différé ; il fut accompli par l'empereur Henri VI. Le couronnement de Léon II eut lieu le 6 janvier 1199, dans la basilique de Tarse, présidé par le cardinal Conrad de Wittelsbach, archevêque de Mayence, envoyé spécial du pape Célestin III. Le catholicos Grégoire Abirad donna l'onction royale à Léon II.

Attaqué de tous les côtés par les principautés musulmanes, turques, kurdes, arabes, syriennes et égyptiennes, l'unique royaume chrétien d'Asie-Mineure, le royaume d'Arméno-Cilicie, finit par succomber aux attaques réitérées des Mamelouks. Son dernier roi, Léon de Lusignan, de la famille française des Lusignan de Chypre, fut fait prisonnier et emmené en captivité en Egypte, en 1375. Il fut racheté par le roi Jean de Castille et il quitta Alexandrie en 1382, pour se rendre à Avignon, auprès du pape Clément VII. De là, il passa en Castille, où le roi Jean lui donna comme fiefs les villes de Madrid, Andujar et Villa Real. Le roi de Navarre, Charles II le Mauvais, ainsi que d'autres princes chrétiens, lui réservèrent grand accueil. Reçu par Charles VI, roi de France, Léon d'Arménie tenta de mettre un terme à la guerre de Cent ans. Il passa en Angleterre, dans le même but ; mais, après quatre mois de négociations inutiles, Léon vint finir ses jours à Paris, où il mourut en 1393, au palais des Tournelles, rue Saint-Antoine. Il fut enseveli d'abord aux Célestins, d'où ses restes furent transportés à la basilique de Saint-Denis.

C'est ce roi d'Arménie qui disait à Charles VI cette

phrase prophétique : « le salut des chrétiens d'Orient dépend de l'alliance de la France et de l'Angleterre ». (1) Le monde attend encore la réalisation de cette prophétie.

Après la chute du royaume d'Arméno-Cilicie, quelques lambeaux de son territoire furent défendus quelque temps par les Hospitaliers, par les chevaliers de Rhodes ou par les rois de Chypre. Enfin, les sultans de Turquie, Mahomet II et Bayazed II, s'emparèrent de cette région.

Dans la Grande Arménie, il y eut différentes invasions, comme celles de Tamerlan, de Gengis khan, etc. Pendant longtemps, la Grande et la Petite Arménie furent gérées, au nom du sultan de Stamboul, par le beylerbey d'Anatolie.

L'Arménie conserva son nom d'*Erménistan* jusqu'au milieu du xix⁰ siècle. Jusqu'à cette date, l'ensemble du territoire arménien était divisé en deux *éyalets*, qui furent plus tard partagés, dans un but politique, ou plutôt dans un but de turquisation, en six *vilayets*.

Dans cette longue période qui sépare la chute du royaume arménien de l'année 1828 où l'Arménie fut partagée entre la Perse, la Russie et la Turquie, le territoire arménien fut une pomme de discorde, surtout pour ses provinces orientales, entre la Perse et la Turquie, deux pays musulmans également ennemis de ce peuple chrétien.

---

(1) C'est exactement la solution que préconise M. Laurent-Vibert, au retour d'un voyage en Orient : « ...Donc ayons un programme qui soit clair : protection des minorités non musulmanes, maintien des capitulations, frontière de Syrie (*notre* frontière) rectifiée, voilà le programme. Si nous le présentons sur le même papier, avec nos deux signatures, et derrière nous nos escadres sous pression et nos armes prêtes, il sera probablement accepté dans les vingt-quatre heures S'il faut une manifestation de force pour l'appuyer, qu'un canon français et un canon anglais tirent ensemble et la paix est pour de longues années rétablie en Orient ». (R. Laurent-Vibert, *L'Orient en mai 1923.* Notes de voyage [Lyon, impr. M. Audin], in-4°, p. 42).

De nombreuses batailles eurent lieu sur le territoire de l'Arménie, entre ces deux Etats musulmans. Le plus mémorable de ces combats eut lieu au début du xvii' siècle. Le Chah Abbas Ier, pour arrêter les incursions des Turcs en territoire persan, transforma l'Arménie orientale (Erivan, Nakhitjewan, Ordoubad, etc) en désert. 25.000 familles arméniennes furent envoyées en Perse, aussi bien pour rendre désertique le pays que pour faire développer le commerce et l'industrie dans l'empire perse.

Ces Arméniens, établis d'abord à Nor Tjougha (nouveau Djoulfa, faubourg d'Ispahan) se répandirent bientôt vers l'est, jusque dans les Indes, en Chine, à Malacca, à Sumatra et à Java. C'est ainsi que ces Arméniens fondèrent les colonies florissantes de Calcutta, de Bombay, de Madras, et devinrent les hommes de confiance des grands rajahs du pays, au point que, lorsque les Anglais y arrivèrent, ils furent obligés de traiter avec les Arméniens et la guerre Anglo-Birmane prit fin grâce à l'intervention d'un notable arménien, nommé Manoukian (1824). (1)

L'émigration des Arméniens vers la Russie d'aujourd'hui est antérieure à cette époque ; ils se réfugièrent en Crimée et à Czernovitz, Caminietz, Stanislaw, et jusqu'à Lemberg et Varsovie. En Pologne, ils avaient trouvé des princes très bienveillants, qui leur avaient octroyé des villes avec des constitutions spéciales. Plus tard, persécutés par les jésuites dans ce pays (xvii' siècle), les Arméniens se dirigèrent vers la Saxe, la Bavière, la Hollande et l'Angleterre.

Pierre le Grand, voulant protéger les Arméniens, ouvrit la Russie aux Arméniens de Turquie et de Perse. C'est ainsi que nombre d'Arméniens vinrent s'établir en Russie

---

(1) Ce Sarkis Manoukian, de Rangoon, a été le premier ministre du gouvernement de Birmanie en 1820. Il mourut à Rangoon, le 19 août 1850 ; cf. *Handès Amsorya*, 1896, p. 178-179.

et y apportèrent la culture du mûrier et l'industrie de la soie.

Catherine la Grande, afin d'attirer les Arméniens dans ses Etats et de les protéger, fonda deux villes arméniennes sur le Don, Nakhitjewan et Grégoriopol.

Les Arméniens de Russie, bien qu'ils n'aient pas eu à se louer de l'administration russe, procurèrent une prospérité incontestable au commerce et à l'industrie du pays qu'ils habitaient. Il n'en était pas de même pour ceux qui habitaient la Grande et la Petite Arménie, ainsi que pour ceux qui étaient sous la domination persane.

Jusqu'à la fin du xviiie siècle, l'Arménie était donc partagée entre la Perse et la Turquie. A cette époque, les Russes franchirent le Caucase, et, graduellement, occupèrent les territoires arméniens. Les deux pays musulmans, Perse et Turquie, avaient désormais pour adversaire une puissance chrétienne qui cherchait par tous les moyens à s'étendre vers la mer libre.

Le premier traité important fut signé en 1828 ; il partageait le territoire arménien entre la Perse, la Russie et la Turquie. Les territoires soumis à l'Etat russe comptaient déjà 500.000 Arméniens et, à partir de cette époque, le tsar de Russie portait, parmi ses nombreux titres, celui de prince d'Arménie.

Ce titre, d'une part, et l'intérêt politico-économique de l'autre, incitèrent la cour impériale de Russie à s'occuper, suivant les circonstances, de la Question arménienne. C'est ainsi que la Russie chercha à faire quelque chose pour l'Arménie au traité de San Stefano, qui fut remplacé par le traité de Berlin, 1878. Et qui sait si, dans un avenir qui n'est peut-être pas très éloigné, le salut de l'Arménie ne dépendra pas, en fin de compte, de la Russie ?

Histoire religieuse. — On est assez mal renseigné sur le paganisme arménien. D'après les travaux critiques des savants arméniens et européens, ce paganisme dut subir, au cours des siècles, plusieurs changements ; c'était une religion composite, renfermant des éléments d'origines diverses. Il semble que les divinités assyriennes, parthes, ourartiennes, grecques et romaines, aient laissé des traces non équivoques dans la croyance des anciens Arméniens.

Les Arméniens admettaient toutes les superstitions du paganisme. Ils croyaient aux esprits, aux oracles, à la puissance matérielle des idoles. A la veille de l'avènement du christianisme en Arménie, le mazdéisme semble prédominer dans la partie orientale de l'Arménie. Par contre, en Arménie occidentale, les divinités grecques l'emportent sur les autres. C'est ainsi qu'avant leur christianisation, les Arméniens adoraient diverses divinités, dont les principales étaient Anahit (Artémis), Tir (Apollon), Aramazd (Dios), Mihr (Héphestos), Vahakn (Héraclès) et Astlik (Aphrodite). (1) Mais les plus fréquemment invoquées étaient Anahit et Tir.

Le soleil (Arev) était encore plus populaire et le serment que l'on fait encore de nos jours « par le soleil » est vraisemblablement une réminiscence de ce vieux culte.

D'après la tradition ecclésiastique arménienne, le christianisme a été apporté en Arménie par les apôtres Thadée et Barthélemy. L'histoire critique n'a pas encore établi ce fait. Il est toutefois certain que le christianisme, peu après son apparition, se répandit assez rapidement en Arménie ; la preuve en soit que plus d'une fois les empereurs romains édictèrent des persécutions contre les chrétiens d'Arménie, et le martyrologe romain mentionne de nombreux martyrs en Arménie.

Il semble bien que le christianisme soit entré en Armé-

---

(1) Cf. A. CARRIÈRE, *Les huit sanctuaires de l'Arménie payenne...* (Paris, 1899), in-8°, p. 13 et suiv.

nie par le sud, venant de Palestine en passant par la Syrie et par Antioche. Le Tarôn (Mouch) était un centre religieux très important et c'est là que fut érigée la première église chrétienne d'Arménie. (1)

Le christianisme ne fut proclamé religion d'Etat qu'au début du IV° siècle, vers 301, et ce fut grâce au zèle patriotique et apostolique de Grégoire le Parthe, que les Arméniens ont dénommé leur *Illuminateur*.

D'après les annales ecclésiastiques, les Arméniens envoyèrent des délégués aux trois premiers conciles œcuméniques, dont ils adoptèrent les décisions, en communion avec les autres branches de la chrétienté.

Cependant la conversion de l'Arménie au christianisme était assez mal vue par sa puissante voisine, la Perse, qui était mazdéiste. Le roi de Perse, pour intimider les Arméniens, leur intima l'ordre, dans le délai d'un an, de renoncer à la foi chrétienne, et d'embrasser la foi d'Ahura-Mazda.

Les Arméniens, encouragés par leurs évêques et par leurs prêtres, particulièrement par l'archiprêtre Ghévont, rejetèrent l'ordre du roi-des-rois et s'organisèrent pour conserver, au prix de leur vie, la religion chrétienne. C'est ainsi que le 26 mai 451, la première Croisade eut lieu en Arménie, sur le champ d'Avaraïr, où 60.000 Arméniens, conduits par le généralissime Vardan Mamikonian, tinrent tête à une armée de 220.000 Persans ; les Arméniens succombèrent au nombre, mais ils eurent gain de cause, en ce sens qu'ils conservèrent leur religion chrétienne.

A la suite de cette bataille et de ces persécutions, l'Arménie se trouva dans un état assez précaire ; aussi n'avait-elle pas pu envoyer de délégués au concile de Chalcédoine.

----

(1) Cf. F. MACLER, *Rapport sur une mission scientifique en Arménie russe et en Arménie turque...* (Paris, 1911), 8°, p. 20 et suiv.

C'est la raison officielle que l'on propose pour expliquer le rejet des décisions du concile de Chalcédoine par le clergé arménien.

Voici comment une autorité en la matière, Mgr Ormanian, explique la chose : « ...L'Arménie resta en dehors de ces querelles jusqu'au commencement du vi° siècle. Les conciles convoqués pour et contre Eutychès avaient eu lieu à son insu ; celui de Chalcédoine, qui s'était réuni le 8 octobre 451, n'avait été convoqué qu'après la grande journée d'Avaraïr (26 mai 451). Le pays se trouvait alors... dans la plus grande confusion ; le patriarche et l'épiscopat étaient incarcérés ou exilés ; les satrapes persécutés ou dispersés, les milices débandées et le peuple terrorisé. Dans ces conditions, on conçoit que les querelles dogmatiques n'aient pu éveiller son attention... Il n'y a donc pas lieu de s'étonner si le concile de Chalcédoine n'avait encore excité aucune passion en Arménie quarante ans après sa convocation. » (1)

Les conciles reconnus comme œcuméniques par les Arméniens sont ceux de Nicée et de Constantinople (iv° siècle), et celui d'Ephèse (v° siècle).

L'Eglise arménienne est monophysite. (2) Elle est organisée comme l'Eglise catholique, avec une hiérarchie ayant pour chef suprême le Catholicos. Toute l'Arménie religieuse est divisée en un grand nombre d'évêchés. Le siège catholical se trouve à Etchmiadzin, au pied du mont Ararat, où, d'après la tradition, le *Fils unique descendit* et apparut pour désigner l'endroit où il fallait édifier la première église chrétienne dans cette partie de l'Arménie.

Lors de la dynastie roubénienne en Arméno-Cilicie, le siège catholical fut transféré à Sis. Certains de ces

---

(1) Cf. Malachia ORMANIAN, *L'Eglise arménienne...* (Paris, 1910), in-8°, p. 27.

(2) Voyez ma traduction d'ETIENNE ASOLIK DE TARÔN, *Histoire universelle...* (Paris, 1917), 8°, p. CXVIII-CXXVI.

catholicos, alors en contact avec les Occidentaux (croisades), reconnurent la suprématie du pape de Rome, comme souverain pontife de la chrétienté.

A l'époque de la royauté arméno-cilicienne, l'Arménie donna naissance à quelques grands évêques, qui jouirent d'une renommée universelle dans la chrétienté, tels Nersès Chnorhali et Nersès de Lampron.

L'église arménienne, dite grégorienne, est nationale, autonome et autocéphale.

On sait qu'il existe chez les Arméniens un élément dénommé *Arméniens catholiques*. Ces derniers font remonter leur origine à la conversion même de l'Arménie au christianisme. Les Grégoriens prétendent que cette fraction ne date que du temps de l'Arméno-Cilicie, lors du mouvement provoqué par les missionnaires latins (Unitaires et Barthélemy de Bologne).

C'est cet élément arménien catholique qui fut le plus en contact avec l'Europe ; il reçut un puissant renfort du fait de la fondation des congrégations mkhitharistes, à Venise et à Vienne (Autriche). Cet élément comptait, avant la guerre, environ 150.000 âmes.

Un troisième élément arméno-chrétien, qui comptait avant la guerre environ 60.000 âmes, et qui rendit à la nation arménienne de grands services, surtout à partir du dernier quart du XIXe siècle, est l'élément protestant. L'influence fut surtout exercée par l'éducation que recevait la jeunesse arménienne dans les grands collèges de Marzifoun, d'Ephrat collège, Robert collège, etc. A côté de ces grands collèges, il y en eut de plus modestes, qui rendirent également de signalés services. On créa également des hôpitaux, on répandit à profusion les livres de lecture et d'instruction, on multiplia la création des orphelinats et on assura une aide pécuniaire aux parents des élèves qui fréquentaient ces établissements.

Si les Arméniens grégoriens ont un chef suprême qui se nomme le catholicos, les Arméniens catholiques ont pour chef suprême le patriarche arménien catholique résidant à Constantinople, de même, que les Arméniens protestants ont pour chef un *azgapet* (chef de nation), qui réside également à Constantinople.

Les missions protestantes (américaines, anglaises, allemandes, suisses), non contentes d'avoir créé des institutions scolaires, hospitalières et charitables en Arménie même, firent quelque chose d'infiniment plus important : elles provoquèrent un mouvement d'exode de la jeunesse arménienne vers les universités européennes et surtout américaines. Ces mêmes missions ont développé chez les jeunes Arméniens le sentiment national, en leur donnant conscience de leur valeur intellectuelle et morale. Elles étaient d'accord, en ceci, avec l'église nationale arménienne qui, depuis des siècles, à travers une existence si tourmentée, a toujours servi d'étendard au peuple arménien, constamment balloté entre ses puissants voisins. C'est ainsi que, dans les derniers événements, si tragiques, surtout depuis 1915, ces trois éléments principaux de la nation arménienne, grégorien, catholique et protestant, marchèrent la main dans la main, sans distinction de religion, défendant leurs droits de nation aspirant à la vie libre. Chaque fois qu'il s'est agi de rédiger une note officielle, les démarches ont été faites et signées conjointement par les trois chefs religieux de la nation arménienne.

Art. — On n'a aucune notion précise sur l'art arménien avant le christianisme. Les quelques documents qui nous sont parvenus de l'époque païenne dénotent un art hellé-

nisant. Pour trouver les premiers témoins d'un art arménien national, il faut arriver à l'époque chrétienne, et la
première manifestation de cet art se voit dans l'architecture religieuse.

Dès le v° siècle, on rencontre une *architecture religieuse*, qui va se développant au vi° siècle, époque d'où
datent vraisemblablement les belles églises d'Etchmiadzin,
de Gayiané, de Ripsimé, de Karapet à Mouch. L'architecture arménienne subit, au cours de son long développement, des influences diverses, suivant le temps et suivant
le lieu.

Il semble bien que la première influence subie vienne
de Syrie. On a exposé ailleurs (1) les rapports étroits qui
existent entre des sanctuaires syriens tels que Tourma-
nin ou Kal'at Seman et les vieilles églises arméniennes
de Tikor et de Erérouk (basilique).

Au vii° siècle, une évolution sensible se produit dans
l'architecture arménienne ; on voit apparaître les églises
à base polygonale ou ronde, dont les types les plus connus sont Zwarthnots près d'Etchmiadzin et Saint Grégoire à Ani. (2)

Au ix° siècle, l'avènement des Bagratides à Ani et des
Ardzrounis à Van provoque le plein épanouissement de
l'art architectural arménien national. 3 D'après les
fouilles et les travaux du professeur Marr, cet art architectural ne fut pas seulement religieux, mais aussi civil.
On signale en effet, dans ces capitales arméniennes des
palais, des aqueducs, des fortifications, des bains et une
architecture municipale, avec des rues bien alignées, qui
dénotent une civilisation très avancée.

---

(1) Voyez mon article *L'architecture arménienne dans ses rapports avec
l'art syrien.* (Paris, 1920), in-4°.

(2) Cf. ma publication *Anciennes églises d'Arménie* (Paris, 1923).

(3) Voyez un résumé de la question dans ma traduction d'ETIENNE ASOLIK
DE TARÓN, *Histoire universelle...* (Paris, 1917), in-8°, p. LXIV-CI.

La *musique* a dû être cultivée de bonne heure chez les Arméniens. Certains auteurs mentionnent des professeurs de musique, parmi lesquels un nombre respectable de femmes. Pour avoir des renseignements précis sur l'art musical en Arménie, il faut remonter à l'époque des Roubéniens (Arméno-Cilicie), où le couvent d'Arqakaghni, le Conservatoire de ce temps-là, était célèbre par les méthodes en usage pour enseigner le chant et la musique. La plupart des airs des *Charakan* (hymnes religieuses) que l'on chante encore aujourd'hui dans les églises arméniennes ont été composés dans ce monastère. On y composa d'autres hymnes, des mélodies, des chants, qui se répandirent non seulement en Arménie, mais dans les pays limitrophes.

Il paraît à peu près certain que les *khaz* ou *neumes*, que l'on rencontre dans les manuscrits datant d'avant le xviiie siècle, remontent à cette époque et sont l'invention de ce monastère.

La *sculpture*, en tant que faisant partie de l'architecture, apparaît avec les premières églises. Elle revêt une forme tout à fait distincte à partir du ixe siècle, où l'on voit des églises dont les murs sont ornés extérieurement d'un art remarquable de sculpture. Les oiseaux, les animaux de tout genre, les guirlandes, des personnages humains y sont représentés avec un art infini. La sculpture se manifeste d'une façon éclatante sur les pierres tombales et sur les plaques d'ivoire, qui sont ciselées avec un art consommé.

On ne connaît pas, quant à présent, de témoins de la *miniature* arménienne datant d'avant le ixe siècle. Il est certain que cet art, qui faisait partie de l'enluminure, a été cultivé chez les Arméniens ; mais il n'a atteint la perfection qu'aux xive, xve et xvie siècles. L'enluminure s'est développée sûrement avant la miniature, et elle a atteint son plein épanouissement en même temps que cette dernière.

Comme arts graphiques, la *calligraphie* a été particulièrement en honneur chez les Arméniens, comme du reste chez tous les peuples civilisés, avant l'invention de l'imprimerie. Les meilleurs copistes vivaient dans les monastères.

L'écriture arménienne, telle qu'elle se présente dans les manuscrits, passa par trois époques bien distinctes, et connues dans les annales de l'art sous les noms de *erkathagir, bolorgir* et *notragir.* L'écriture *erkathagir* (écriture de fer) est la plus anciennement connue et a une forme qui la rapproche des majuscules (onciales) grecques ; les témoins les plus anciens de cette écriture, actuellement connus, sont l'Evangile de Moscou (887) et l'Evangile d'Etchmiadzin (989).

L'écriture *bolorgir* (ronde), qui fleurit spécialement du XIIIᵉ au XVIᵉ siècle, se fait remarquer par son élégance et la netteté de ses caractères. C'est elle qui servit de modèle aux imprimeurs désireux de fondre les premiers caractères typographiques arméniens.

Quant à l'écriture *notragir* (écriture de notaire ou de chancellerie), elle prit naissance au XIIIᵉ siècle et fut employée surtout pour transcrire des documents qui n'avaient pas une aussi grande importance religieuse que ceux transcrits en bolorgir. Au XVIIIᵉ siècle, la notragir est employée presque exclusivement, et elle se transforme peu à peu pour devenir l'écriture cursive connue sous le nom de *chélagir* (chéghagir).

Les manuscrits précieux étaient habillés de belles reliures en cuir gaufré, en ivoire finement travaillé ou en métal (argent, cuivre) artistement ciselé. Les reliures qui sortent des ateliers de Césarée de Cappadoce sont les plus beaux spécimens des reliures en métal ciselé.

Littérature. — On a dit ci-dessus que six siècles avant l'ère chrétienne, les habitants de l'Arménie ne parlaient pas l'arménien classique. C'est ce que prouvent du moins les inscriptions cunéiformes.

Depuis l'époque où l'*Arménie* est connue sous ce nom jusqu'aux premiers jours du ve siècle, les Arméniens ont dû avoir une littérature, à tout le moins verbale, la preuve en soit les chants de Goghthn conservés par Moïse de Khorên ; mais on n'a aucune trace d'une littérature arménienne païenne écrite.

Dès que le Christianisme fut reconnu en Arménie comme religion d'Etat, le clergé se trouva dans une situation des plus embarrassées. Il était en effet obligé de lire les saintes écritures et le rituel en syriaque ou en grec, et de le traduire ensuite oralement, pour la compréhension des fidèles.

Cet état de choses dura environ un siècle.

Sous le règne de Vramchapouh, un homme très cultivé, Mesrop-Machtots, conçut l'idée de créer un alphabet pour rendre tous les sons de la langue arménienne ; cet alphabet devait servir à répandre la culture intellectuelle parmi le peuple arménien. C'était une œuvre nationale au premier chef.

Le roi et le catholicos Sahak (Isaac) approuvèrent le projet de Mesrop et l'aidèrent à le réaliser. Grâce aux efforts persévérants de ce savant, l'alphabet arménien fut créé tout au début du ve siècle ; à partir de cette époque, une vie littéraire très intense prit naissance et se développa en Arménie, à un moment où les pays limitrophes et une bonne partie de l'Occident étaient en pleine décadence littéraire.

Avec le zèle des néophytes, le premier soin des Arménines fut de traduire les livres saints. Ils suivirent, comme modèles, la LXX pour l'A. T. et les originaux grecs et syriaques pour le N. T.

Une pléïade de savants, connus sous le nom de « premiers traducteurs » posa les bases de la littérature arménienne classique, qui est appelée l' « époque des traducteurs » ou l' « âge d'or ». De cette langue, que l'on rencontre dans les œuvres des « traducteurs », les linguistes de nos jours ont déduit que l'arménien classique (grabar) était une langue indo-européenne.

La pléïade des « premiers traducteurs » ne se borna pas à traduire les livres saints et le rituel ; ils entreprirent des travaux littéraires, traitant surtout de questions théologiques, philosophiques et historiques.

Les noms les plus marquants de cette époque sont ceux d'Elisée, qui raconte le mouvement national des Vardaniens, Lazar de Pharbi qui, sous une forme très différente, narre, lui aussi, le mouvement national ; Fauste de Byzance donne un essai de constitution systématique d'une histoire nationale, tandis que Moïse de Khorên fabrique une histoire nationale qui a eu le succès fantastique et excessif que l'on sait.

Puis le mouvement des annalistes et des historiens se continue à travers tout le moyen âge, avec les Sébêos, les Ghéwond, les Etienne de Tarôn, les Aristakès de Lastivert, etc.

A côté de la littérature historique, il faut faire la place très large à la littérature théologique, dont le plus illustre représentant est sans aucun doute Eznik.

Le premier mouvement intense des « Traducteurs » dura environ 50 ans. Puis il déclina au vii° et au viii° siècles, pour reprendre, au ix° siècle, avec l'avènement des Bagratouniq et des Ardzrouniq. C'est l'époque où, à côté des genres littéraires bien connus, une mention spéciale doit être faite des mystiques, dont le plus connu est Nersès Chnorhali.

Ce mouvement s'arrête avec la disparition des royaumes d'Ani et du Vaspourakan pour aller briller d'un éclat nouveau et extraordinaire en Arméno-Cilicie. Ici, nous avons une littérature traitant, au contact des Occidentaux, tous les sujets, le théâtre excepté.

Dès le xiiie siècle, à côté de la littérature classique, une littérature populaire prend naissance et se développe par les œuvres des *trouvères* (achough), dont la beauté et la finesse sont de plus en plus appréciées par les critiques modernes.

A la chute du royaume d'Arméno-Cilicie, où les couvents, là comme dans la vieille Arménie, avaient été les foyers littéraires par excellence, la littérature trouve un refuge inviolable dans les monastères, alors qu'ailleurs toute manifestation de la vie nationale était morte.

Dans ces monastères, on enseignait l'arménien classique, tandis que le peuple avait, depuis le ixe siècle, abandonné cette langue pour ne parler que l'arménien moderne ; de là, l'extrême popularité des *achough* et l'expansion de leurs œuvres dans toutes les classes de la société.

La littérature arménienne n'aurait sans doute pas acquis l'importance qu'elle a de nos jours sans l'œuvre patriotique et religieuse de l'un de ses maîtres, l'abbé Mkhithar, qui, en fondant sa congrégation, posa les bases d'une littérature arménienne nouvelle.

Les Mkhitharistes, établis d'abord à Trieste, puis à Venise et à Vienne (Autriche), commencèrent par publier tous les manuscrits arméniens dont ils pouvaient disposer. C'est ainsi qu'ils éditèrent tous les auteurs du ve au xviie siècle.

Ces religieux, tout en donnant aux Arméniens le goût de leur littérature nationale, se donnèrent aussi pour mission de traduire en arménien les chefs-d'œuvre des littératures occidentales. La France d'abord, l'Italie ensuite, l'Allemagne et l'Angleterre bien plus tard, fournirent une ample moisson à leur zèle d'érudition et de traduction.

En même temps que les œuvres littéraires, les Mkhitharistes traduisaient les ouvrages scientifiques, mathématiques, physique, chimie, médecine, etc. Pendant très longtemps, les deux couvents des Mkhitharistes tinrent le flambeau de la culture arménienne. Mais bientôt d'autres centres, Etchmiadzin, Amsterdam, Marseille, Smyrne, Constantinople, Tiflis, Erivan entrèrent dans la lice et contribuèrent au développement de la littérature arménienne.

Tout ce mouvement littéraire était mené dans un sens classique, qui n'était pas à la portée de la masse. Seuls, les gens quelque peu instruits pouvaient s'intéresser à cette littérature. A la suite des *achough*, il fallait l'apparition de Khatchatour Abovian pour écrire dans la langue moderne et se faire comprendre du peuple. C'était, du coup, révéler à ce peuple l'abîme de misères dans lequel il était plongé. Lui faire connaître son malheur, c'était lui donner envie d'en sortir. L'œuvre d'Abovian, littéraire au premier chef, est le point de départ du réveil national qui allait secouer le peuple arménien tout le long du XIXe siècle. (1)

---

(1) Après les arts et la littérature, il convient de rappeler que les sciences, et en particulier la médecine, furent toujours avantageusement représentées et cultivées par la nation arménienne. (Voir les nombreuses publications du Dr V. Torkomian).

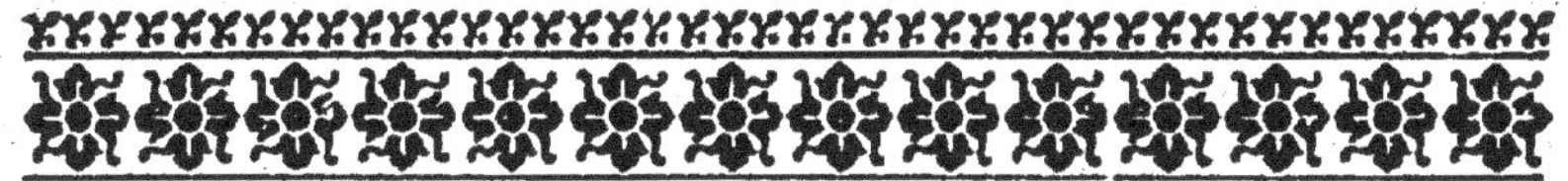

II

LA RENAISSANCE

DE LA

NATION ARMÉNIENNE

[Persécutions qui résultent de cette Renaissance. Politique de massacres. Abd-ul-Hamid et Jeunes-Turcs.]

Littérature. — Le réveil littéraire de la nation arménienne, commencé au XVIIIe siècle, porte ses fruits au XIXe. Il existe du jour où Khatchatour Abovian se sert de la langue populaire. Et cette nouvelle langue littéraire était réellement populaire, c'est-à-dire telle qu'elle était parlée par le peuple. La langue d'Abovian n'a que des rapports lointains avec la langue moderne que l'on employa plus tard dans les centres principaux de la culture arménienne moderne, tels que Constantinople, Smyrne, Tiflis, Etchmiadzin et Van.

Jusqu'à Abovian (né en 1804 à Erivan), les œuvres dites littéraires, ou ayant des prétentions à l'être, étaient écrites en langue ancienne ou *grabar*, en une forme plus ou moins parfaite et sensiblement archaïsante. L'immense retentissement que l'œuvre capitale d'Abovian, *Vêrq Haïastani* « les plaies de l'Arménie », eut dans tous les milieux arméniens incita les écrivains à imiter l'exemple de ce rénovateur, qui était en même temps un grand maître. (1)

A la suite de ce renouveau littéraire, des journaux, des revues virent le jour, qui préconisèrent l'usage de la langue moderne et publièrent des pièces détachées, en vers, consacrées au passé de l'Arménie. De 1820 à 1860, une pléïade d'écrivains de talent, Prochiants, Aghaniants, Stéphannos Nazariants dotèrent d'une littérature patriotique et nationale l'Arménie orientale (Tiflis, Erivan, Etchmiadzin), utilisant l'arménien oriental ou arménien russe, dialecte qui ne diffère pas sensiblement de l'arménien occidental ou arménien turc, employé à Constantinople, Smyrne, Van et Jérusalem. La différence dialectale ne consiste que dans quelques désinences ; le vocabulaire est le même.

Vers 1860, un véritable réveil littéraire s'empara de toute l'Arménie, la russe aussi bien que la turque. Des écrivains en grand nombre, poètes, romanciers, conteurs, historiens, trouvères (achough), chantèrent le passé glorieux de l'Arménie et signalèrent l'état de servitude dans lequel gémissait le peuple arménien, particulièrement sous la domination des puissances musulmanes, la Perse et la Turquie. D'autres écrivains cherchèrent à recueillir ce qui concernait le vaste champ du folklore arménien, contes, chants populaires, traditions, proverbes, superstitions, etc. Le plus illustre, parce que le premier, parmi ces pionniers, est sans conteste Srwantztiants.

Toute cette littérature donna au peuple arménien une idée vague de sa servitude et lui fit entrevoir la douceur

---

(1) A propos de l'influence exercée par Parrot, d'origine montbéliardaise, sur la formation d'Abovian, et sur le mariage d'Abovian avec une luthérienne de Revel, cf. F. MACLER, *Arménie, Montbéliard, Wurtenberg*. (Montbéliard. 1913), in-8°, p. 2 et suivantes.

de la liberté. Les publicistes avaient signalé dans de nombreux articles comment d'autres peuples, possédant une histoire, après avoir connu la servitude turque, recouvrèrent peu à peu leur liberté. L'exemple des Grecs, des Serbes, des Monténégrins, des Roumains et, plus tard, celui des Bulgares, était cité fréquemment.

Les Écoles. — A la suite de cette littérature nationaliste, le peuple arménien s'agita. Les autorités arméniennes se préoccupèrent de canaliser cette agitation et le patriarcat arménien de Constantinople fit des démarches pour améliorer la situation des Arméniens des provinces. Un des premiers corollaires de ce mouvement littéraire fut le prodigieux développement scolaire. En très peu de temps, quatre sociétés d'enseignement furent fondées ; chacune rivalisait de zèle pour créer des écoles dans les diverses localités de l'Arménie turque, aussi bien dans les villes que dans les villages. Ces écoles vivaient exclusivement des deniers de ces sociétés arméniennes et ne recevaient aucun subside des autorités turques. Quand ces sociétés n'étaient plus à même de fonder de nouvelles écoles, elles encourageaient et subventionnaient les écoles déjà existantes. A considérer les choses de près, ce mouvement scolaire fut simplement merveilleux.

Dans ces écoles, on enseignait l'arménien, l'histoire de l'Arménie, la géographie, les éléments des mathématiques ; et, dans l'immense majorité, chaque fois que la chose était possible, on enseignait le français. C'est ainsi que l'influence française se répandit en Turquie, où l'on pouvait rencontrer de nombreux « soi-disant Turcs », qui parlaient le français.

L'Émancipation. — A la suite de ces mouvements littéraire et scolaire, la nation arménienne, par des moyens qui paraissaient alors faciles, obtint du gouvernement turc la fameuse *Constitution* arménienne (1863), dont les promoteurs et les rédacteurs étaient des anciens élèves de nos facultés de Paris (droit et médecine). (1) Il est bon de rappeler, à ce propos, que l'Université turque, en ce qui concerne le droit, les sciences et la médecine, a été créée par les Arméniens ; les professeurs étaient pour la plupart des Arméniens et des Français, appelés à ces fonctions par les Arméniens.

En 1877, la guerre russo-turque éclate ; le point de départ en est le mouvement d'émancipation nationale des Bulgares, qui gémissaient sous le joug turc, comme les Arméniens. On connait les péripéties de cette guerre ; au fameux traité de San Stefano, les Arméniens obtiennent l'article 16 ; les intrigues politiques provoquent le Congrès de Berlin, auquel les Arméniens envoient une délégation pour demander des réformes — combien modestes — pour les provinces arméniennes (les six vilayets) placées sous la domination turque (Van, Bitlis, Erzeroum, Diarbékir, Sivas et Kharpout).

La délégation arménienne obtient à ce congrès des promesses formelles (l'article 61), 1878. Les Arméniens attendent des années l'exécution de ces promesses. Les Puissances signataires du traité ne firent quasi rien pour leur donner force de loi.

---

(1) La première rédaction de la Constitution arménienne date de 1857, où elle fut proclamée officiellement au patriarcat arménien, à Coum Capou. Cette Constitution ne fut pas exécutée, parce qu'on voulut y introduire des corrections. La vraie Constitution arménienne a été proclamée officiellement le 24 mai 1860. Durant trois ans, la nation arménienne a été guidée par cette Constitution, jusqu'au jour où le gouvernement turc la suspendit, sous le prétexte d'y faire des corrections. Deux commissions, l'une nommée par le gouvernement Ottoman et l'autre, nationale arménienne, furent chargées de rédiger la Constitution de 1863, qui régit officiellement la nation arménienne jusqu'à ce jour.

Hentchak. — C'est alors que des étudiants arméniens de Paris fondèrent, vers 1887, (1) le premier parti politique arménien, le parti appelé *hentchakian* ou *hentchakiste*, qui commença la publication d'un journal, *hentchak* « la clochette ». Comme ce journal prêchait des idées d'émancipation, il fut très vite répandu dans le monde arménien. Les Arméniens s'affilièrent en grand nombre à ce parti, en créant un peu partout des comités. Le but de ce parti était d'attirer l'attention des Puissances signataires du traité de Berlin sur l'Arménie, et de leur faire exécuter les promesses contenues dans l'article 61.

De 1887 à 1894, ce parti organisa des mouvements insurrectionnels à Erzeroum, à Van, à Kharpout, à Constantinople, à Sassoun et à Zéïthoun, toujours dans l'intention de provoquer l'intervention européenne.

Dachnaktsouthiun. — Quelques années plus tard, un autre parti politique arménien, appelé *Dachnaktsouthiun* « Fédération révolutionnaire », poursuivant à peu près le même but que le premier, prit naissance à Tiflis et se constitua définitivement à Genève.

Abd-ul-Hamid II. — Le sultan de Constantinople, Abd-ul-Hamid II, (2) voyait se détacher successivement de son empire les diverses provinces non musulmanes. On venait de lui arracher la Bulgarie et la Roumélie orientale ; on lui avait complètement soustrait la Serbie et la Roumanie.

---

(1) Peu de temps auparavant, un ancien professeur émérite de l'Ecole centrale de Van, Portoukalian, avait été obligé de quitter le pays. Il se réfugia à Marseille, où il fonda un journal, *Arménia*, qui n'appartient à aucun parti révolutionnaire et se consacre purement à la cause de l'Arménie. Ce journal se publie régulièrement depuis 1885, date de sa fondation, jusqu'aujourd'hui.

(2) Sur la façon dont Abd-ul-Hamid se débarrassa d'Abdul Aziz en le faisant assassiner et en répandant la fable du suicide du sultan, voyez, entre autres, le témoignage très précieux de Hidayette, *Abdul Hamid révolutionnaire*, p. 16-25.

Il vit donc dans le mouvement insurrectionnel des Arméniens une tendance nettement séparatiste. Il était persuadé que les Arméniens voulaient, non pas des réformes, mais une indépendance complète, voire même « un royaume ».

Pour ne pas se voir déposséder des provinces arméniennes connues sous le nom des six vilayets, il trouva tout naturel d'en supprimer les Arméniens ; ainsi, pensat-il, il n'y aura plus ni réformes à accomplir, ni « royaume d'Arménie » à redouter.

La demande des Arméniens était des plus modestes, pour leur pays et pour leurs nationaux. Pour nous autres Français, la chose paraît enfantine. Que demandaient-ils, en effet ? Tout simplement, la sécurité de leur vie, de leur honneur et de leurs biens. Ils demandaient que les ressources naturelles du pays fussent exploitées et mises en valeur. Comme ils comptaient un grand nombre d'ingénieurs, de médecins, d'avocats, d'autres intellectuels, dont la plupart étaient sortis de nos écoles, ces hommes instruits et intelligents auraient voulu pouvoir appliquer leurs connaissances et leurs ressources cérébrales à l'industrie, au commerce, à l'agriculture, au développement général de leur patrie. Les dirigeants turcs s'y opposaient aveuglément, parce qu'ils ne comprenaient rien à ces sortes de revendications.

Les massacres, organisés et ordonnés par Abd-ul-Hamid II, commencèrent par Sassoun, où un petit groupe de patriotes arméniens était retranché. Pour réduire ce groupe, le sultan envoya un régiment. Le groupement arménien résista et l'armée turque en profita pour détruire aussi bien le foyer de résistance arménien que tous les villages de cette province. Ce fut le signal des grands massacres de 1894-1896, qui se continuèrent pendant deux ans, dans les grands centres comme dans les campagnes de toute l'Arménie turque. Les villes le plus éprouvées et qui fournirent le plus de victimes furent : Van, Mouch, Bitlis, Arabkir, Kharpout, Akn, Palou (Balou), Diarbékir, Tokat, Sivas, Chabin Karahissar, Samsoun, Kérassound, Trébizonde. Ces massacres étaient méthodiques et parfaitement organisés.

Trois cent mille victimes, des milliers de maisons détruites, plusieurs centaines d'églises et de couvents saccagés, démolis ou convertis en mosquées ou en écuries, tel est le bilan de ces premiers massacres hamidiens.

On a constaté, à cette époque, que les massacreurs étaient partout les mêmes. Ils procédaient de la même façon. La plupart de ces massacreurs étaient des gens sans aveu, affublés de costumes kurdes. Leur façon de procéder était la suivante : un beau jour, ils arrivaient en grand nombre dans une ville ; à leur vue, la population s'affolait. Le gouvernement local feignait de rassurer la population, en faisant sonner du clairon. Alors les gens, moins inquiets, sortaient des maisons, et le carnage commençait: il durait jusqu'à huit jours, comme à Arabkir et à Diarbékir.

Une fois la besogne de sang terminée, les autorités locales faisaient de nouveau sonner du clairon, pour informer la population qui avait survécu que tout danger était écarté. Et en effet, les massacreurs, chargés de butin, quittaient la localité pour se rendre ailleurs et recommencer le même carnage, suivant ponctuellement les instructions qu'Abd-ul-Hamid leur adressait télégraphiquement, avec toutes les précisions souhaitables.

L'écho de ces horreurs, parvenu en Europe, trouva plus de retentissement en France qu'ailleurs, grâce à quelques Français généreux, qui se firent les avocats du peuple martyr. Mgr d'Hulst, le P. Charmetant, les pasteurs Sauter, Louis Vernes, les hommes politiques de Mun, Rolle, Denys Cochin, Clémenceau, de Pressensé, Jaurès, Sembat, les intellectuels Vandal, Paul et Anatole Leroy-Beaulieu, Anatole France, Paul Doumergue, Victor Bérard, Georges Gaulis, baron Carra de Vaux, baron Ludovic de Contenson, Louis Martin, Pierre Quillard, et tant d'autres que je m'excuse de ne pouvoir citer ici, essayèrent de défendre la cause sacrée des Arméniens, les uns au point de vue purement chrétien, d'autres au point de vue humanitaire, d'autres enfin essayant de réagir du point de vue politique, afin de décider le gouvernement français à intervenir en faveur de l'Arménie.

Le mouvement pro-arménien, commencé en France, eut sa répercussion en Suisse, en Angleterre, en Italie, en Allemagne, et surtout en Russie, où quelques hautes personnalités arméniennes, comme le fameux avocat Djáncheff, contribuèrent beaucoup à la propagation de la cause arménienne.

Les Puissances elles-mêmes, par l'intermédiaire de leurs ambassadeurs à Constantinople, cherchèrent ou feignirent de chercher à donner satisfaction à l'opinion publique de leurs ressortissants, en élaborant le fameux projet de réforme du 11 mai 1895, qui devait donner une sorte d'autonomie aux provinces arméniennes, en réorganisant l'administration, la gendarmerie, la police, la justice et la perception des dîmes. (1)

Le sultan refusa tout net, et les Puissances n'insistèrent pas.

A partir de cette époque, la tyrannie la plus cruelle régna en Arménie. Aucun Arménien ne pouvait se déplacer d'une ville à une autre. Des restrictions furent portées à la Constitution arménienne ; les écoles furent surveillées ; on y interdit complètement l'enseignement de l'histoire de l'Arménie ; toutes les publications armé-

---

(1) Sur la perception des dîmes dans l'ancien empire ottoman, voyez l'article publié dans *La Vie*, n° du 15 janvier 1920, p. 25.

niennes, livres, revues, journaux furent étroitement cen-
surés : tout mot, toute expression qui pouvait faire allusion à l'Arménie fut interdit. Les vocables *patrie*, *liberté*,
droit, *justice*, le mot *étoile* (Yildiz) furent défendus dans
le langage arménien.

A ce moment, le parti *Dachnaktsouthiun* commença à
faire de l'agitation, en même temps que le parti *hent-
chakan*, bien que toutes les publications de ces deux
partis fussent strictement interdites dans le pays. La vie
intellectuelle, littéraire et artistique arménienne avait
pour ainsi dire cessé, aussi bien dans les provinces arméniennes qu'à Smyrne et à Constantinople ; elle s'était ré-
fugiée à l'étranger, particulièrement dans les Balkans
(Bulgarie), en France (Paris et Marseille), en Angleterre
(Londres), et en Suisse (Genève), sans compter, bien entendu, les deux centres arméniens constitués par les congrégations mkhitharistes de Venise et de Vienne, sans
compter non plus l'Arménie russe, avec les centres arméniens de Tiflis, Etchmiadzin, Moscou et Saint-Péters-
bourg.

Mais aucune publication de ces centres excentriques
arméniens ne pouvait entrer ouvertement en Turquie.
Toutes les lettres étaient ouvertes, arrivant en Turquie, ou
en en sortant. Tout Arménien qui rentrait en Turquie
était infailliblement jeté en prison, même s'il était muni
des passeports le plus en règle. Toutes les réunions étaient
interdites : les offices religieux étaient surveillés de près
par des agents secrets. Tous ceux qui avaient des relations
avec l'extérieur étaient mal notés et sévèrement espionnés.

Jeunes-Turcs. — L'exemple donné par les deux partis
politiques arméniens avait décidé quelques Turcs, pour la
plupart d'origine étrangère, à former un Comité auquel
ils avaient donné le nom de *Jeunes-Turcs*. Ils préten-
daient avoir des idées larges et ne faisaient, disaient-ils,

aucune distinction entre les différentes populations composant l'empire ottoman, soit au point de vue religieux, ou ethnique, ou politique. Ils proclamaient, en apparence à tout le moins, la liberté et l'égalité de tous les citoyens de l'Empire; ils revendiquaient la même justice pour tous.

En réalité, ce comité jeune-turc n'avait pour but dernier que l'islamisation et la turquisation à outrance de l'empire ottoman, afin d'enrayer une fois pour toutes les velléités d'indépendance ou de séparatisme des éléments constitutifs de l'Empire.

Par une chance inouïe, que l'histoire n'a pas encore expliquée, ce comité, qui représentait une force et une organisation presque insignifiantes, s'empara du gouvernement de Constantinople, à la suite d'une mutinerie survenue à Salonique. On se rappelle les péripéties de cet événement, que l'on baptisa pompeusement du nom de *Révolution turque* (juillet 1908).

Les Arméniens virent dans cet événement l'aurore de jours nouveaux. Quant aux Puissances européennes, elles pensèrent que la transformation de la Turquie nouvelle donnait d'elle-même une solution à la question arménienne.

Un an à peine, après la Nouvelle Constitution turque, un cri d'horreur fut poussé dans une autre province arménienne, qui avait été épargnée par Abd-ul-Hamid. Plus de 30.000 Arméniens venaient d'être massacrés à Adana, en Cilicie, avec la connivence et sur le conseil du gouvernement jeune-turc (avril 1909).

Les Jeunes-Turcs démontraient ainsi qu'ils ne valaient pas mieux que les Vieux-Turcs. La politique de massacres faisait méthodiquement le tour des provinces chrétiennes de l'Empire ottoman.

Abd-ul-Hamid avait volontairement et méthodiquement exsangué les six provinces arméniennes (les six vilayets) ; mais la prospérité de la province arménienne de

Cilicie était une épine qui blessait le Jeune-Turc. C'est pour cette raison qu'on avait décidé et réalisé l'affaiblissement de cette province.

Les Jeunes-Turcs avaient soi-disant proclamé l'égalité de tous les citoyens. Mais, lors des élections qui eurent lieu quelque temps après leur accession au pouvoir, ils prouvèrent, sans se soucier des principes proclamés, que leur action ne correspondait pas à ces principes. Partout, ils faisaient élire les candidats turcs et musulmans « à coups de trique ». Sur environ 3oo députés, on compta à peine une quarantaine de députés chrétiens, dont 15 Arméniens, pour une population chrétienne totale de 6 à 7 millions d'âmes ; d'où 26o députés musulmans pour 10 à 12 millions de population musulmane hétérogène (Turcs, Arabes, Kurdes, etc). C'était la façon jeune-turque de comprendre et de pratiquer la liberté et l'égalité de tous les citoyens de l'Empire ottoman.

*
* *

Les partis politiques arméniens qui avaient contribué de toute leur force au succès de cette révolution jeune-turque et à l'installation du gouvernement jeune-turc, ne tardèrent pas à s'apercevoir qu'ils avaient travaillé « pour le roi de Prusse » ; les gouvernants turcs cherchaient par tous les moyens en leur pouvoir à évincer les éléments chrétiens de toutes les fonctions et de tous les emplois officiels ; ils manifestaient une préférence marquée pour l'élément turc. Aucune réforme ayant pour but d'améliorer quelque peu la situation de l'Arménie ne fut tentée par ce gouvernement, malgré toutes les demandes introduites par les députés arméniens.

Tous les projets présentés, soit par le patriarcat arménien de Constantinople, soit par les députés arméniens, projets concernant la vie économique du pays, furent catégoriquement écartés. Devant cette mauvaise volonté manifeste, les partis arméniens, revenus de leurs illusions, se tournèrent à nouveau vers l'Europe.

Le projet de turquisation à outrance, préconisé par les Jeunes-Turcs, amena un mécontentement général dans tout le pays. Les chrétiens, comme les musulmans non turcs, protestèrent plus ou moins violemment contre les tendances des gouvernants jeunes-turcs. Aussi, des révoltes éclatèrent-elles en Albanie, en Arabie, en Syrie et en Macédoine.

Ce qui se passait en Arménie se pratiquait également dans les Balkans, Thrace et Macédoine, deux provinces auxquelles s'intéressaient les Jeunes-Turcs d'une façon particulière. Comme le gouvernement jeune-turc ne faisait pas plus pour ces provinces que pour l'Arménie, les *comitadji* de ces régions à éléments chrétiens prépondérants commencèrent l'agitation en réclamant l'autonomie.

Les Turcs, suivant leurs principes séculaires, voulurent réprimer ces mouvements par la manière forte. C'est alors que les Puissances balkaniques, qui s'intéressaient directement au sort de ces deux provinces, et qui avaient intérêt à ce que les Turcs fussent ramenés dans leur foyer ancestral en Asie centrale, étant donné qu'elles-mêmes comptaient des sujets musulmans dans les Balkans, se liguèrent (Bulgarie, Grèce, Serbie), pour défendre ces deux provinces contre les Turcs. C'est la première guerre balkanique (1912).

Cette première guerre fut suivie de la seconde guerre balkanique, à laquelle succéda la Grande Guerre (1914).

Dès la première guerre balkanique, les ambassadeurs des Puissances (France, Angleterre, Allemagne et Russie), sur l'intervention du patriarcat arménien, reprirent le projet de réformes pour l'Arménie.

De nombreuses réunions des ambassadeurs de ces Puissances eurent lieu jusqu'à la fin de 1913. A cette époque, l'Allemagne, prenant parti pour les Turcs, chercha, par tous les moyens possibles, à faire échouer les projets des ambassadeurs. Alors la France et la Russie, agissant seules et énergiquement, aboutirent à un résultat palpable et firent agréer le projet d'administration locale concernant les provinces arméniennes. Deux Européens, le Hollandais M. Westenenk, et le colonel norvégien Nicolas Hoff, furent nommés gouverneurs de l'Arménie, divisée en deux circonscriptions. (1)

Ces deux hauts commissaires arrivèrent à Constantinople. L'un d'eux put même pénétrer dans le pays. Mais il en revint promptement, outré de la réception injurieuse que les populations turques, travaillées par les émissaires du gouvernement, lui avaient réservée.

Ceci se passait au début de l'été 1914. On sait qu'en août, la guerre mondiale éclata, pour défendre le droit, la liberté, la justice, pour affranchir de la tyrannie les peuples opprimés. La France et la Russie, les deux puissances qui s'intéressaient le plus au sort de l'Arménie, allaient être prises dans l'engrenage de la guerre ; elles n'avaient plus ni le temps ni les moyens de s'occuper efficacement des Arméniens. Ceux-ci allaient à grands pas vers l'effondrement de leurs rêves nationaux, vers la ruine, à la mort par le martyre et les supplices.

---

(1) Voyez le résumé historique que je donne de ces événements, avec quelques détails, dans mon *Autour de l'Arménie*, pages 286 et suivantes.

III

LA SITUATION ACTUELLE

[Etat actuel de la nation arménienne. République arménienne. Traité de Sèvres. République d'Erivan et les Bolchéviks. Promesses. Smyrne. L'abandon des Arméniens à Lausanne. Dispersion et souffrances des Arméniens.]

Quand la guerre mondiale éclata, la Turquie n'y prit pas part immédiatement. Mais, dès le jour où les Turcs prirent le parti des Centraux et se rangèrent à leur côté, les sujets arméniens de l'Empire ottoman firent tout pour se montrer des citoyens loyaux et fidèles. Les hommes en âge de porter les armes furent mobilisés de force. La population arménienne elle-même ne fit preuve d'aucune mauvaise humeur, tout en sachant que les deux puissances protectrices, la France et la Russie, se trouvaient dans le camp adverse.

Deux raisons principales poussèrent les dirigeants turcs à agir d'une façon cruelle et monstrueuse avec la nation arménienne.

La première est qu'il y avait une partie de l'Arménie (l'Arménie orientale) qui se trouvait sous la domination russe, leur ennemi d'alors, et qui était dans un état très prospère. Ces Arméniens de Russie avaient montré dès le début de la guerre une énergie remarquable comme citoyens de l'empire des tsars. Or ces Arméniens se trouvaient être les voisins immédiats de ceux qui étaient sujets ottomans : cela parut constituer un danger très grand au gouvernement jeune-turc.

La deuxième raison était la Question arménienne, qui était sur le tapis depuis plus de 40 ans, et qui, à la veille de la guerre mondiale, avait reçu une solution qui n'était pas en faveur des Turcs, et ce, grâce aux deux Puissances (France et Russie), contre lesquelles la Turquie partait en guerre.

Les dirigeants turcs trouvèrent le moment opportun de se débarrasser une fois pour toutes de l'épineuse Question arménienne, en supprimant les Arméniens. La chose leur paraissait d'autant plus aisée, que les protecteurs (Français et Russes) étaient impuissants d'intervenir en leur faveur.

Les Turcs employèrent les procédés les plus barbares. Suivant les instructions télégraphiques, émanées de Constantinople, on donna l'ordre d'évacuer toutes les localités qui se trouvaient, soi-disant, sur les voies stratégiques. Si cette précaution pouvait paraître utile pour les provinces turques qui étaient en lisière de l'empire russe, elle perdait tout son sens pour les provinces qui en étaient éloignées de 700 à 1.000 kilomètres.

C'est à la suite de ces ordres émanés de Constantinople, que la population arménienne des villes et des campagnes de l'Arménie turque fut déportée dans les déserts de Syrie et de Mésopotamie.

On commença par réunir tous les intellectuels arméniens en vue, au nombre d'environ 300, et on les dirigea sur Diarbékir et de là sur la Syrie. Avant d'arriver à Diarbékir, ils furent presque tous massacrés, dans d'horribles tortures ; c'étaient des députés, des journalistes, des professeurs, des publicistes, des hommes de lettres, des avocats, enfin des médecins dont quarante sortaient de nos facultés françaises.

On déporta ensuite les urbains et les paysans. Les hom-

mes furent impitoyablement massacrés, soit individuellement, soit par groupes.

La déportation se faisait à pied, sous le soleil torride,
sous la pluie, par le froid. Des centaines de milliers de
femmes, d'enfants et de vieillards, en caravanes intermi-
nables, mirent des mois pour se rendre en Syrie. En cours
de route, un très grand nombre de ces malheureux furent
massacrés, ou tombèrent de faim, de soif et de misère.

Les jeunes filles et les femmes jeunes étaient constamment convoitées, enlevées et violées. Les enfants étaient
vendus ou éventrés et foulés au pied comme des vermines.
Nombre de ces petits furent abandonnés ; ils se mirent
à errer dans les campagnes. Les femmes enceintes étaient
éventrées à coup de poignard ; on les laissait gisantes sur
le sol jusqu'à ce que la mort les délivrât ; les ecclésiastiques étaient ferrés comme les mulets et, une fois qu'on
leur avait cloué les fers aux pieds, on les forçait à avan-
cer, à coups de fouet.

En cours de route, les déportés arméniens étaient constamment attaqués et dépouillés même de leurs vêtements
par leurs guides et par les populations musulmanes, au
point qu'un très grand nombre de femmes étaient complètement nues (ceci d'après les témoignages allemands
et américains). Les déportés ne recevaient aucune nour-
riture et on ne leur permettait pas toujours de se nourrir
d'herbes et de racines. On a même cité des cas où, comme
en Russie, des parents mangèrent la chair de leurs enfants.

Une bonne partie de ces déportés mourut en cours de
route ; ceux qui purent arriver dans les déserts de Syrie
et de Mésopotamie furent massacrés, sur l'ordre du gouvernement turc, Rien qu'à Deir-el-Zor, de sinistre mémoire,
200.000 Arméniens furent anéantis en quelques jours. (1)

____

(1) Cf. Aram ANDONIAN, *Documents officiels concernant les massacres arméniens...* (Paris, 1920), p. 55.

Les deux tiers de la population arménienne des six provinces furent ainsi exterminés « par les méthodes les plus infernales et avec sang-froid », comme le déclara lord Robert Cecil, dans sa lettre du 3 octobre 1918, adressée à lord Bryce.

Nous ne pousserons pas plus avant la description de ces déportations et de cette extermination sauvage. Les personnes qui voudront se documenter plus complètement voudront bien se reporter aux ouvrages indiqués ci après, à la *Bibliographie.*

*
* *

Pour justifier leur conduite, après que l'horreur de ces crimes fut connue en Europe, les Turcs alléguèrent la thèse mensongère d'une insurrection arménienne à redouter sur les derrières de l'armée turque. Cet argument était absolument insoutenable, suivant les témoignages allemands :

« ...Il n'y a à craindre aucune insurrection de la part des Arméniens. Ces mesures de déportation sont donc cruelles et sans motif... »

SCHEUBNER, consul d'Allemagne
à Erzeroum, 16 mai 1915

« ...Les partisans de ces massacres avouent d'ailleurs sans ambages que le but final de leurs procédés contre les Arméniens est l'extermination de cette race en Turquie.

« Après la guerre, nous n'aurons plus d'Arméniens en Turquie », me disait textuellement une personnalité turque marquante...

IDEM.

« Toutes ces mesures ont pour but, selon toutes les apparences, l'extermination entière des Arméniens. Ce traitement inhumain constitue une honte indélébile devant l'Histoire. »

(Adresse des Allemands de Konieh, 16 août 1915).

« ...Le Gouvernement poursuit en réalité le but d'anéantir la race arménienne dans l'Empire turc. »

(L'ambassadeur Wangenheim au Chancelier Bethmann-Hollweg, 7 juin 1915).

« Le Gouvernement turc ne s'est laissé détourner dans l'exécution de son programme — consistant dans la solution de la question arménienne par l'extermination de la race arménienne, — ni par nos représentations, ni par celles de l'Ambassade Américaine et du Légat de S. S. le Pape, ni même par les menaces des puissances de l'Entente, et encore moins par égard pour l'opinion publique de l'Occident. Il veut maintenant faire disparaître jusqu'aux derniers groupements des Arméniens qui avaient échappé aux premières déportations. »

(L'ambassadeur d'Allemagne Wolff-Metternich au Chancelier, 10 juillet 1916.) (1)

Cette déportation coûta à la nation arménienne non seulement la vie de ses enfants, mais aussi la perte complète de ses richesses, évaluées approximativement à 4 milliards de francs français. Pendant cette déportation, toutes les institutions et tous les établissements arméniens (écoles, églises, couvents, hôpitaux, hospices, bains publics) ont été pillés et détruits de fond en comble.

De tout l'empire turc où il y avait une forte agglomération arménienne, les deux villes où les Arméniens ont

____

(1) Voyez *L'Arménie et la question arménienne, avant, pendant et depuis la guerre...* (Paris, 1922), p. 15-16.

souffert le moins ont été Constantinople et Smyrne (jusqu'en septembre 1922). Pendant toute la guerre, les Arméniens de ces deux villes étaient dans une situation des plus critiques. De cœur avec les Alliés, ils étaient sous la domination turque qui combattait les Alliés. Au surplus, les Turcs n'avaient qu'à regarder les Arméniens pour connaître l'état exact des armées. Quand l'Arménien avait l'air joyeux, la situation des Centraux était précaire ; s'il avait l'air soucieux, c'est que ces derniers avaient remporté quelques succès.

Pendant que les Turcs cherchaient à détruire la nation arménienne dans les provinces turques, les Arméniens de l'Arménie russe, apprenant les horreurs commises par les Turcs sur leurs compatriotes, donnaient un nouvel essor à leurs sentiments patriotiques pour vaincre plus vite le Turc, qui devenait doublement l'ennemi.

Un groupe très fort de soldats arméniens servit dans l'armée arabe et rendit les plus grands services aux alliés. Il faut également mentionner les volontaires arméniens qui combattirent dans les rangs français. Sur tous les fronts alliés, tant russes que français, on compte environ 200.000 combattants arméniens. Ils furent distingués et cités à l'ordre du jour ou de l'armée, dans les communiqués français et russes, aussi bien pour la défense de Varsovie, à la prise de Van, d'Erzeroum et d'Erzendjan, qu'en Palestine à la bataille d'Arara, à l'occupation de la Syrie et, plus tard, lors de la campagne de Cilicie.

Hamakoumar. — En 1913, les Arméniens virent bien qu'ils ne pouvaient pas compter sur la parole des Turcs. Une Délégation nationale arménienne fut instituée sous la présidence de S. E. Boghos Nubar pacha ; elle avait pour mission de faire valoir les droits des Arméniens auprès des Puissances occidentales, particulièrement l'Angleterre et la France. (1)

Cette Délégation avait un caractère essentiellement national, puisqu'elle avait été nommée par le patriarche arménien de Constantinople et surtout à l'instigation du Catholicos d'Etchmiadzin qui est, comme chacun le sait, le chef spirituel de tous les Arméniens grégoriens de Russie, de Turquie, de Perse et de tous ceux qui sont répandus dans le monde.

Cette Délégation établit son siège à Paris. Elle fit diverses démarches et, avant la fin de la guerre, vu la gravité des circonstances, elle provoqua à Paris la réunion d'un *Congrès national arménien*, formé de délégués représentant les Arméniens de Turquie, du Caucase, de Perse, de Syrie, d'Egypte, d'Europe et des Etats-Unis d'Amérique (mars-avril 1919).

Ce Congrès, après avoir élaboré le programme des revendications arméniennes, constitua une Commission chargée de mettre sur pied le statut politique du futur Etat arménien ; il élut les membres de la nouvelle Délégation, sous la présidence de S. E. Boghos Nubar pacha.

Cette Délégation n'avait pas de relations avec les Arméniens de Russie, et toute communication devint impossible après la Révolution russe. De sorte que les événements qui viennent d'être rapportés lui restèrent inconnus pendant de longs mois. Elle apprit, avec un vif plaisir, la proclamation de la République dans l'Arménie orientale, et elle reçut avec enthousiasme la Délégation que cette République avait envoyée à Paris pour soutenir devant le Congrès de la Paix les droits du nouvel Etat arménien, constitué en Arménie orientale.

Cette Délégation de la République arménienne participa au Congrès National arménien et les chefs des deux Délé-

---

(1) Voyez mon livre *Autour de l'Arménie*. (Paris, 1917), p. 286 et suivantes.

gations arméniennes (la Nationale et celle de la République) signèrent, au nom de tous les Arméniens, le Memorandum que l'on présenta au Congrès de la Paix.

République arménienne. — Après la Révolution russe et le traité de Brest-Litovsk (3 mars 1918), Kerensky prend la direction du pouvoir et nomme un comité spécial pour s'occuper de la Transcaucasie. L'Assemblée législative de Transcaucasie, réunie à Tiflis, en février 1918, proclame un· gouvernement provisoire et se déclare Etat indépendant, le 22 avril 1918, sous le nom de : République démocratique fédérale de Transcaucasie. Les trois principaux peuples qui composaient cette République étaient les Arméniens, les Géorgiens et les Tatars de l'Aderbeidjan. Le *Seim* ou Assemblée législative et le Gouvernement se composaient de représentants de ces trois nationalités, en proportions presque égales. Mais cette République vécut à peine cinq semaines. Le 26 mai 1918, le *Seim* proclama la dissolution de la République. Le même jour, la Géorgie proclama son indépendance, et le 28 mai 1918, l'Arménie et l'Aderbeidjan déclaraient à leur tour leur indépendance respective.

Il y eut donc un Etat arménien indépendant, qui comprenait l'ancien gouvernement d'Alexandrapol, d'Erivan et de Kars. Ce petit Etat arménien, depuis l'avènement du bolchevisme en Russie, c'est-à-dire de novembre 1917 à mars 1918, résista seul aux assauts turcs.

L'Etat arménien fut obligé de signer un traité de paix avec les Turcs, à Batoum, le 4 juin 1918, avec reconnaissance de l'indépendance arménienne. En décembre 1918, les Turcs, suivant les conditions de l'armistice signé avec les Alliés, évacuèrent la partie du Caucase qu'ils occupaient et se retirèrent sur la frontière de 1914.

L'armistice de Moudros, 30 octobre 1918, signé entre les Alliés et la Turquie, ne fut pas complètement exécuté

de la part des Turcs, en ce qui concerne les provinces
arméniennes. Malgré l'insistance de la Délégation nationale arménienne, demandant que le désarmement des
Turcs fût une réalité, en même temps que les Alliés signaient l'armistice, il n'en fut tenu aucun compte et des
armes et des munitions, en quantités considérables, qui se
trouvaient entreposées dans diverses régions de la Turquie
d'Asie, ne furent pas détruites par les Alliés ; le mouvement nationaliste kémaliste, qui commença au printemps
de 1919, s'empara de ces munitions pour s'en servir, contrairement aux clauses de l'armistice de Moudros et, partant, contre les Alliés. Ceux-ci, qui avaient spécifié dans
l'armistice que si des désordres éclataient dans les provinces arméniennes de Turquie, ils occuperaient militairement ces régions, ne firent absolument rien quand les
bandes kémalistes commencèrent leurs méfaits. (1) Et
bientôt, les troupes arméniennes et françaises, qui occupaient la Cilicie, ne tardent pas à être harcelées par les
bandes kémalistes. (2)

Traité de Sèvres. — Le 10 août 1920, le traité de Sèvres
fut signé entre les Puissances alliées et la Turquie. Le
nom de l'Arménie figurait au nombre des Alliés. L'Arménie était donc reconnue *de facto* et *de jure*, et le président
de la Délégation de la République arménienne signa ce
traité en même temps que les Délégués des Alliés et des
Turcs ; l'article 88 de ce traité porte : « La Turquie déclare reconnaître, comme l'ont déjà fait les Puissances
alliées, l'Arménie comme un Etat libre et indépendant. »
L'article 89 porte : « La Turquie et l'Arménie ainsi que

---

(1) Les quotidiens, à la date du 23 mai 1923, annoncent que la foudre a
détruit le pont de la Maritza, qui relie Karagatch à Andrinople, et que cet
accident a révélé que les Turcs avaient miné le pont, en violation flagrante
de la convention de Moudania.

(2) Voyez E. Brémond, *La Cilicie en 1919-1920.* (Paris, 1921). passim.

les autres Hautes Parties Contractantes conviennent de soumettre à l'arbitrage du Président des Etats-Unis d'Amérique la détermination de la frontière entre la Turquie et l'Arménie dans les vilayets d'Erzeroum, Trébizonde, Van et Bitlis et d'accepter sa décision ainsi que toutes dispositions qu'il pourra prescrire relativement à l'accès de l'Arménie à la mer et relativement à la démilitarisation de tout territoire ottoman adjacent à ladite frontière. » (1)

Le traité de Sèvres confiait donc à l'arbitrage du Président Wilson le tracé des frontières de l'Etat arménien en Turquie, et, le 22 novembre 1920, le Président Wilson rendait sa sentence, allouant à l'Arménie les provinces arméniennes ou vilayets de Van, Bitlis, Erzeroum, et une partie du vilayet de Trébizonde, d'une superficie totale de 87.000 kilomètres carrés.

Cependant, les Turcs ne restaient pas inactifs. Moustafa Kémal refusa de reconnaître le traité de Sèvres et commença ce mouvement nationaliste que l'on dénomma kémaliste. Les Puissances alliées qui avaient, au début de l'armistice, promis de faire occuper militairement les provinces arméniennes où se produiraient des troubles causés par les Turcs, ne firent rien pour enrayer le mouvement kémaliste.

Encouragés par l'indifférence des Alliés, les kémalistes cherchaient, non seulement à rendre vain le tracé du président Wilson, mais ils allaient aussi bientôt attaquer la République arménienne du Transcaucase, pour donner la main aux musulmans du Caucase et, de là, à ceux du Turkestan.

République arménienne d'Érivan et les Bolchéviks. — En avril 1920, l'une des trois républiques formées au

---

(1) Pour plus de détails, voyez *L'Arménie et la question arménienne avant, pendant et depuis la guerre...* (Paris, 1922), p. 51-51.

Caucase, l'Aderbeidjan, fut placée sous la direction du gouvernement soviétique de Moscou. Les Bolchéviks jetèrent ensuite leur dévolu sur l'Arménie. Au mois de mai de la même année, un mouvement bolchéviste se produisit dans la République arménienne. Ce mouvement fut réprimé.

Dès le lendemain de la signature du traité de Sèvres, un rapprochement plus intime s'opéra entre les Russes et les Turcs, pour aller contre les visées des Alliés et, partant, contre la République arménienne, qui était la seule alliée des grandes Puissances. Et, en effet, en septembre 1920, les troupes turques prononcèrent une attaque brusquée contre l'Arménie, tandis que le gouvernement de Moscou envoyait au gouvernement arménien une note comminatoire, lui enjoignant de laisser passer sur son territoire les Turcs, de renoncer au traité de Sèvres et de rompre toute relation avec les Puissances alliées.

Le Gouvernement Arménien s'adressa à ces mêmes Puissances et sollicita leur intervention. Ces appels restèrent sans écho. La Délégation de la République arménienne à Paris, voyant le danger que courait le gouvernement arménien d'Erivan, adressa de nombreuses notes aux Puissances alliées, pour obtenir leur intervention ; ces notes restèrent sans réponse.

Les Bolchéviks, sur le refus du gouvernement arménien, concentrèrent d'importantes troupes sur la frontière de la République, pendant que les Turcs revenaient à la charge avec des forces renouvelées. L'Arménie, isolée, sans secours, épuisée, attaquée de tous les côtés, fut obligée de signer, le 2 décembre 1920, le traité de paix d'Alexandrapol. Pendant que l'on négociait ce traité, les bolchéviks arméniens de Bakou, appuyés par une force armée russe, entrèrent en Arménie par Dilidjan et s'emparèrent du gouvernement, 2 décembre 1920.

Pendant que ces événements se passaient en Arménie,

l'Assemblée générale de la Société des Nations, sur la proposition de lord Robert Cecil, demandait « que le Conseil soit invité à prendre immédiatement en considération la situation de l'Arménie et à soumettre à l'examen de l'Assemblée des propositions en vue de parer au danger qui menace actuellement ce qui reste de la race arménienne et aussi en vue d'établir un état de choses stable et permanent dans ce pays ».

L'Assemblée de la Société des Nations, tenue le 22 novembre 1920, vota à l'unanimité la résolution suivante : « L'Assemblée, désireuse de collaborer avec le Conseil pour mettre fin dans le plus bref délai possible à l'horrible tragédie arménienne, invite le Conseil à s'entendre avec les gouvernements pour qu'une Puissance soit chargée de prendre les mesures nécessaires en vue de mettre un terme aux hostilités entre l'Arménie et les Kémalistes et charge une Commission de six membres d'examiner les mesures, s'il en est, à prendre pour mettre un terme aux hostilités entre l'Arménie et les Kémalistes et de faire rapport à l'Assemblée au cours de la présente session ». (1)

Le traité d'Alexandrapol fixait à l'Arpatchaï la frontière de l'Arménie et de la Turquie. Ainsi, certains territoires de la République arménienne passaient sous la domination turque. Dans ces territoires, comme partout ailleurs, les Turcs commirent des dévastations et massacrèrent au moins 20.000 personnes. Rien que dans la ville d'Alexandrapol, après le départ des Turcs, les Bolchéviks découvrirent, dans une seule tranchée, les cadavres de 7.000 Arméniens ; les Turcs emmenèrent 9.000 prisonniers de guerre, d'après le témoignage du colonel Rawlinson.

---

(1) Consultez L'Arménie et la question arménienne, avant, pendant et depuis la guerre... (Paris, 1922), p. 59.

La République arménienne ayant accepté le bolchévisme, Moscou engagea des pourparlers avec Angora, qui aboutirent au traité de Kars, signé le 16 mars 1921. A la suite de cet événement, le Conseil suprême, réuni à Londres en mars 1921, décida la création d'un *foyer national arménien*, dans les provinces orientales de la Turquie, et le 22 mars 1922, les trois ministres des Affaires étrangères de Grande Bretagne, France et Italie, réunis à Paris, décidèrent la constitution de ce foyer national arménien.

Le 21 septembre 1921 et le 21 septembre 1922, l'Assemblée générale de la Société des Nations admettait également le principe de la création de ce foyer national. Celui-ci, jusqu'à ce jour, n'a trouvé aucun commencement d'exécution.

Après avoir réduit la République arménienne à l'impuissance et s'être mis d'accord avec les Russes, les Kémalistes tournèrent leurs armes contre les Alliés, en concentrant tous leurs efforts en Cilicie (voir, ci-après, le paragraphe intitulé *promesses*).

Le traité de paix signé à Sèvres replaçait la majeure partie de la Cilicie sous la domination turque, mais il en laissait une bonne partie sous le protectorat français. Le succès turc remporté à Sèvres rendit les Kémalistes plus arrogants. Ils exercèrent une telle pression, que le commandement français fut obligé de retirer ses contingents de l'intérieur, c'est-à-dire de Bozanti, de Hadjin, de Sis, de Marach, d'Islahiyé, etc, pour les concentrer à Adana et à Aïn-tab. Le retrait de ces troupes françaises rendit encore plus insolents les Kémalistes qui massacrèrent à Marach (février 1920) 20.000 Arméniens et environ 10.000 à Hadjin.

En mars 1921, un accord conclu à Londres entre la France et la Turquie prévoyait l'évacuation de la Cilicie par la France. Mais cet accord n'ayant pas été ratifié par la Grande Assemblée nationale de Turquie, un autre accord fut signé à Angora le 20 octobre 1921 (accord Franklin-Bouillon), qui donnait pleine et entière satisfaction aux revendications et aux exigences turques : *Toute la Cilicie était cédée aux Turcs.*

A la nouvelle de cet accord, la population arménienne de Cilicie, prise de panique, quitta le pays, au nombre de plus de 120.000 âmes. 75.000 de ces réfugiés trouvèrent asile en Syrie. Le gouvernement français y facilita leur installation et leur procura des secours. 30.000 autres sont réfugiés à Chypre, en Egypte, dans les îles grecques, en Grèce et à Constantinople.

On connait les efforts des Grecs envoyés en Asie-Mineure en vue de réduire les Kémalistes. On connait également leurs premiers succès et on sait l'attaque brusquée, de grande envergure, que les Kémalistes prononcèrent le 26 août 1922 contre le secteur d'Afioun-Karahissar. C'est là que commence la débâcle de l'armée grecque, qui se replie vers Smyrne, Brousse et Panderma.

Les populations arméniennes des régions évacuées, au nombre de 100.000 environ, suivirent l'exode des populations grecques. Ceux des Arméniens qui s'étaient dirigés vers Brousse et Panderma, ont pu sans grandes pertes passer en Thrace orientale et à Constantinople. Mais ceux qui se réfugièrent à Smyrne furent les victimes des atrocités commises par les Turcs, en septembre 1922.

Promesses. — Ce ne fut pas seulement le désir de la vie libre et de l'affranchissement complet qui fit se ranger les Arméniens du côté des Alliés ; ils y furent incités par les promesses et les engagements solennels que leur prodiguèrent les représentants officiels des grandes Puissances. On a déjà reproduit un certain nombre de ces promesses. (1) Il ne sera pas vain d'en rappeler ici quelques exemples.

Lettre de M. Briand, Président du Conseil, à M. Louis Martin, sénateur du Var, le 7 novembre 1916 :

« Monsieur le Sénateur,

« Ainsi que vous le déclarez dans la lettre que vous avez bien voulu m'adresser au sujet de la situation des Arméniens, la France, oubliant ses propres épreuves, a partagé l'émotion douloureuse des nations civilisées devant l'horreur des atrocités commises contre les Arméniens. Elle a détourné un moment ses pensées des crimes perpétrés sur son territoire contre la population civile pour adresser l'hommage de sa pitié à ces pauvres martyrs du droit et de la justice. Le Gouvernement de la République a tenu dans les circonstances solennelles à flétrir les crimes des Jeunes-Turcs et à livrer au jugement de la conscience humaine leur monstrueux projet d'extermination de toute une race, coupable à leurs yeux d'avoir aimé le progrès et la civilisation. Les représentants de la France auprès des Puissances neutres ont été mis en possession de tous les documents qui devaient leur permettre de faire connaître autour d'eux les événements survenus. Pour l'honneur de l'humanité, nous devons conserver l'espoir que les protestations indignées que certaines de ces Puissances ont déjà fait entendre à Constantinople contribueront à soustraire la Nation Arménienne à de nouveaux attentats.

« Pour la première fois, notre pays s'est trouvé impuissant à poursuivre en Turquie sa mission civilisatrice et

---

(1) Voyez entre autres F. MACLER, *L'Arménie*, simple mémorandum, dans *Revue chrétienne*, n° de mars 1922, p. 150-155. — et la publication faite sous les auspices de la Délégation de la République arménienne : *L'Arménie et la question arménienne*, avant, pendant et depuis la guerre. (Paris, H., Turabian), 1922, in-8°, p. 75-108.

à s'y dresser en face de la barbarie de ses gouvernants. Il n'a laissé passer cependant aucune occasion de donner au peuple arménien le témoignage de sa profonde sympathie. Ses escadres ont pu arracher à la mort plus de 5.000 fugitifs qui ont été conduits en Egypte où ils ont reçu un accueil pouvant atténuer la rigueur de leur malheureux sort.

« Le Gouvernement de la République a déjà pris soin de faire notifier officiellement à la Sublime Porte que les Puissances alliées tiendront personnellement responsables des crimes commis tous les membres du Gouvernement ottoman, ainsi que ceux de ses agents qui se trouveraient impliqués dans les massacres. Quand l'heure aura sonné des réparations légitimes, il ne mettra pas en oubli les douloureuses épreuves de la Nation Arménienne et, d'accord avec ses alliés, il prendra les mesures nécessaires pour lui assurer une vie de paix et de progrès.

« Agréez, Monsieur le Sénateur, les assurances de ma haute considération. »

Signé : BRIAND (1).

Au nom des Alliés, M. Briand, Président du Conseil, déclarait, le 10 janvier 1917, comme un des buts de guerre des Alliés :

« Affranchissement des populations soumises à la sanglante tyrannie des Turcs ; rejet hors d'Europe de l'Empire ottoman, décidément étranger à la civilisation occidentale. »

Lettre de M. Paul Deschanel, Président de la Chambre des députés, au Président de l'Union Intellectuelle arménienne de Paris :

------

(1) Voyez *Le Temps* du 7 novembre 1916.

« 19 décembre 1917.

« Que les Arméniens gardent confiance ! Leur histoire glorieuse n'a été qu'un long martyre. Le supplice n'a pas encore pris fin. Mais déjà l'aube d'un jour nouveau paraît. Jérusalem est délivrée. Demain l'Arménie, victime sanglante de l'oppression turque, fêtera à son tour son affranchissement. Demain les héros de la Marne, de l'Yser et de Verdun embrasseront fraternellement ses fils délivrés. »

Déclaration de M. Stephen Pichon à la Chambre des députés, 27 décembre 1917 :

« Jamais il n'a été question pour la France d'annexer ou d'incorporer sous une forme quelconque, en vertu du droit de conquête, des populations auxquelles il appartient de fixer elles-mêmes leurs destinées.....

« Cette politique des droits des nationalités est l'honneur de nos traditions et de notre histoire ; elle s'applique, dans notre pensée, aux populations arméniennes, syriennes, libanaises comme aux peuples qui subissent, contre leur volonté, le joug de l'oppresseur quel qu'il soit ; tous ces peuples ont droit à nos sympathies, à notre appui ; tous doivent avoir la possibilité de fixer eux-mêmes leur sort. »

Réponse de M. Clémenceau, Président du Conseil, à la lettre écrite par Boghos Nubar pacha, à l'occasion du 14 juillet 1918 :

« Cher Monsieur,

« Rappelant la conduite héroïque de vos compatriotes, vous me demandez de saisir une prochaine occasion pour encourager leurs efforts et pour leur dire que les conditions imposées par la Conférence de Constantinople ne seront pas reconnues par le Gouvernement de la République.

« La France, victime de la plus injuste des agressions, a inscrit dans ses revendications, la libération des nations opprimées.

« Protectrice traditionnelle de ces peuples, elle a manifesté à maintes reprises sa profonde sympathie pour les Arméniens. Elle a tout tenté pour venir à leur aide.

« L'esprit d'abnégation des Arméniens, leur loyalisme envers les Alliés dans la Légion étrangère, sur le front du Caucase et à la Légion d'Orient, ont resserré les liens qui les attachent à la France.

« Je suis heureux de vous confirmer que le Gouvernement de la République, comme celui du Royaume-Uni, n'a pas cessé de compter la Nation Arménienne au nombre des peuples dont les Alliés comptent régler le sort selon les règles supérieures de l'Humanité et de la Justice.

« Veuillez croire, etc.

Signé : CLÉMENCEAU.

Au nom de M. Georges Clémenceau et sur son ordre, M. Jean Gout a adressé la lettre suivante au Président de l'Union Intellectuelle arménienne, en réponse à une lettre adressée par cette dernière à M. le Président du Conseil pour saluer les victoires remportées sur le front de France :

« Monsieur le Président,

« M. le Président du Conseil, Ministre de la guerre, a été profondément sensible à la lettre que vous avez bien voulu lui adresser à l'occasion des victoires remportées sur le front de France.

« J'ai l'honneur de vous transmettre ses vifs remerciements.

« Les populations arméniennes peuvent être assurées

que le Gouvernement de la République sera heureux de leur conserver tout son appui en vue d'empêcher le renouvellement des massacres dont elles ont été victimes et de leur permettre de se libérer définitivement du joug ottoman.

« Agréez, Monsieur le Président, l'assurance de ma considération très distinguée.

« Pour le Ministre et par ordre,
Le Ministre plénipotentiaire, sous-directeur des
Affaires politiques :

Jean GOUT.

Déclarations de M. Balfour à la Chambre des Communes, 6 novembre 1917.

Après avoir déclaré, en réponse à une question qui lui avait été posée, qu'il n'y avait pas de traité secret concernant la rive gauche du Rhin, M. Balfour continue en ces termes :

« Les honorables Collègues auxquels je réponds ne prennent-ils donc aucun intérêt à ces éléments, par exemple, de l'Empire turc, qui ont souffert et qui souffrent non seulement d'un mauvais gouvernement, mais aussi de la tyrannie la plus brutale et la plus barbare ? N'est-ce donc rien que l'Arménie ? N'est-ce rien que l'Arabie ? Ils parlent de démocratisation.

« La démocratisation est d'un prix inestimable lorsqu'elle s'applique à des Etats jouissant d'un certain degré d'avancement. Elle est, à mon avis, une garantie de bon gouvernement et de progrès. Mais elle n'est pas applicable à toutes les formes de collectivités humaines, et en tous cas vous ne pourriez pas démocratiser la Turquie. Ceci est tout à fait évident.

« La Turquie est entrée en guerre. Nous est-il indifférent que l'Arménie, ainsi que le désire mon honorable Collègue, auteur de la Motion, soit remise sous domination turque ? (M. Snowden dit que non). Le premier point de la Motion propose que tous les territoires occupés par les armées belligérantes, quelles qu'elles soient, soient rendus à leurs propriétaires originels. Cela n'a aucune signification, et c'est que vous voudriiez remettre l'Arménie et l'Arabie sous la domination turque. Nous ne voulons détruire aucun élément turc composé de Turcs, gouverné par les Turcs et pour les Turcs, d'une manière qui convient aux Turcs ; mais d'aucune façon, il ne faut perdre de vue que l'un des buts que nous devons poursuivre, maintenant que la catastrophe internationale pèse sur nous, est la possibilité, le devoir d'arracher au gouvernement turc les peuples qui ne sont pas turcs, qui ont été désorganisés par les Turcs, dont le développement a été arrêté par les Turcs, et qui, j'en ai la conviction, prospéreraient s'il leur était donné d'avoir un gouvernement propre et de suivre leurs propres coutumes. »

Déclarations de M. Lloyd George au Parlement britannique, 21 décembre 1917.

Se référant à son discours de Glasgow, à propos des buts de guerre, M. Lloyd George, après avoir parlé des autres pays, a dit :

« J'ai dit en second lieu que la question de Mésopotamie devrait être laissée pour être résolue au Congrès de la Paix, tout en spécifiant cependant que cette région, ainsi que l'Arménie, ne devrait jamais être replacée sous la domination néfaste des Turcs. »

Extrait du discours de M. Lloyd George, prononcé le 5 janvier 1918 devant les délégués des Trade-Unions :

« Hors d'Europe, nous croyons qu'il faut appliquer les

mêmes principes. Sans doute, nous ne contestons pas le maintien de l'Empire ottoman dans les pays habités par la race turque, ni le maintien de sa capitale à Constantinople, les détroits unissant la Méditerranée à la mer Noire étant internationalisés.

« L'Arabie, l'Arménie, la Mésopotamie, la Syrie et la Palestine, suivant nous, ont le droit de voir reconnaître leur existence nationale séparée. Nous n'allons pas discuter ici la forme exacte que pourra prendre, dans chaque cas particulier, la reconnaissance de cette existence. Bornons-nous à dire qu'il serait impossible de rendre ces pays à leurs anciens maîtres. »

Déclarations de M. Balfour. — En réponse à une question de M. Ramsay Mac Donald (député de Leicester, travailliste), M. Balfour a fait, le 11 juillet 1918, à la Chambre des Communes, les déclarations suivantes :

« Le Gouvernement de Sa Majesté Britannique suit avec la sympathie et l'admiration la plus profondes la vaillante résistance des Arméniens dans la défense de leurs libertés et de leur bonheur. Il fait tout son possible pour leur venir en aide.

« En ce qui concerne l'avenir de l'Arménie, je rappelerai simplement les déclarations publiques faites par les principaux hommes d'Etat des Puissances alliées. Cet avenir sera décidé suivant le principe indiqué par l'honorable membre : droit des peuples à disposer d'eux-mêmes. »

Hommage de M. Lloyd George à la vaillance des Arméniens. — En réponse à une adresse présentée par la colonie arménienne de Manchester, lors de la visite de M. Lloyd George au mois d'août 1918, ce dernier a fait les déclarations suivantes :

« L'esprit de confiance qui anime vos paroles démontre d'une manière frappante la résolution invincible de votre nation éprouvée. L'Arménie impose la pitié et son appel est irrésistible.

« Mais ce qui lui donne le plus grand titre à l'appui sans réserve de ceux qui combattent pour les libertés de l'humanité, c'est que la détermination de ses fils à atteindre leur but ne faiblit jamais. En dépit des persécutions, des désastres et des répressions sans pitié, l'Arménie revendique toujours la justice devant le monde et dédaigne d'implorer son oppresseur pour qu'il lui fasse grâce.

« Je vous prie de croire que ceux à qui le Gouvernement de la Grande-Bretagne est confié ne sont pas oublieux de leurs responsabilités envers votre race martyrisée. »

Réponse de lord Robert Cecil, secrétaire d'Etat-adjoint aux Affaires étrangères, à la lettre de l'honorable Lord Bryce, datée de Hundleap, le 30 septembre 1918 :

« Ministère des Affaires étrangères, 3 octobre 1918.

« Cher Lord Bryce,

« ...D'autre part, les services rendus par les Arméniens à la cause commune, services auxquels vous faites allusion dans votre lettre, ne peuvent assurément pas être oubliés. Je mentionnerai ici quatre points que les Arméniens peuvent, à mon avis, considérer comme constituant la charte de leur droit à la libération par les soins des Alliés :

« 1° En automne 1914, les Turcs envoyèrent des émissaires au Congrès National des Arméniens de Turquie, siégeant à Erzeroum, et lui firent la promesse d'accorder l'autonomie à l'Arménie, si les Arméniens s'engageaient à aider activement la Turquie durant la guerre. Les Arméniens répondirent qu'ils feraient individuellement leur devoir comme sujets ottomans, mais qu'en tant que nation ils ne pouvaient pas soutenir la cause de la Turquie et de ses alliés.

« 2° C'est en partie à cause de ce courageux refus que les Arméniens de Turquie ont été systématiquement massacrés en 1915 par le Gouvernement turc. Les deux tiers de la population — plus de 700.000 hommes, femmes, ainsi que des enfants — ont été ainsi exterminés par les méthodes les plus infernales et avec sang-froid.

« 3° Dès le commencement de la guerre, la moitié de la nation arménienne qui vivait sous la souveraineté russe, a organisé des corps de volontaires qui, sous le commandement d'Antranik, leur chef héroïque, soutinrent le choc de quelques-uns des plus lourds combats de la campagne du Caucase.

« 4° Après l'écroulement de l'armée russe à la fin de l'année dernière, ces mêmes forces arméniennes se chargèrent de la défense du front du Caucase et retardèrent pendant cinq mois l'avance des Turcs, rendant ainsi un service signalé à l'armée britannique de Mésopotamie. Ces opérations de guerre dans les régions d'Alexandrapol et d'Erivan n'avaient bien entendu aucun rapport avec les opérations de Bakou.

« Je puis ajouter que les soldats arméniens servent, aujourd'hui encore, dans les rangs des forces alliées de Syrie. On en trouve de même dans les rangs aussi bien des armées britanniques et françaises qu'américaines, et ils ont eu leur part de la grande victoire du général Allenby en Palestine.

« Dois-je dire après tout cela que la politique des Alliés envers les Arméniens n'a pas varié ? Si votre lettre et celle de Nubar pacha demandent une pareille déclaration du Gouvernement Britannique je suis prêt à affirmer de nouveau notre détermination de mettre fin aux méfaits dont l'Arménie a souffert, et de rendre leur renouvellement impossible.

« Sincèrement votre,

« Robert CECIL ».

Déclaration du comte de Crawford à la Chambre des Lords. — « Mylords, je ne puis répondre en détail aux questions posées par Lord Bryce, mais je puis lui donner d'une manière générale une assurance qu'il trouvera, je pense, satisfaisante. La question que le noble Vicomte a soulevée est une de celles qui, en ce moment, sont l'objet de la sérieuse attention du Gouvernement de Sa Majesté se concertant avec ses Alliés. Je regrette de ne pouvoir préciser en ce moment l'action qu'il sera nécessaire ou désirable d'entreprendre en vue de la situation qui vient d'être exposée par Lord Bryce ; mais je suis heureux de saisir cette occasion pour l'assurer que le Gouvernement de S. M. donne toute son attention aux graves intérêts dont il s'agit, tant au point de vue politique qu'humanitaire, et qu'il est décidé à n'épargner aucun effort afin d'assurer entière satisfaction aux légitimes revendications des Arméniens. »

Déclarations de lord Robert Cecil à la Chambre des Communes, le 18 novembre 1918.

En réponse à un grand nombre d'interpellations qui trouvaient que les conditions de l'armistice imposées aux Turcs ne garantissaient pas suffisamment la sécurité des Arméniens, Lord Robert Cecil a fait les déclarations suivantes devant la Chambre des Communes, le 18 novembre 1918 :

« ...Une clause a été stipulée pour les Arméniens internés ou exilés par les Turcs, demandant qu'ils soient rapatriés ; en ceci les Arméniens ont été distingués de toutes les autres nationalités et ont été mis sur le même pied que nos propres prisonniers de guerre...

« ...Mon honorable collègue, le député de Dénégal, m'a demandé si le Gouvernement, en déclarant qu'il libérerait l'Arménie de la tyrannie des Turcs, avait fait une réserve dans son esprit, signifiant qu'il permettrait aux Turcs de les gouverner sans les tyranniser. En ce qui me concerne, et je crois que dans cette question je puis parler au nom du Gouvernement, je serais profondément déçu si une ombre ou un atome du gouvernement turc était laissé en Arménie.

« ...La politique turque a toujours consisté à créer des désordres pour les réprimer ensuite. Et ce n'est pas une question de religion. Les Arabes, par exemple, ont toujours protégé les Arméniens, et quand nous sommes arrivés à Alep, nous y avons trouvé plusieurs groupes d'Arméniens vivant sous la protection des Arabes. Je crois qu'il n'y a pas de raison pour que les Arméniens et les Kurdes ne puissent pas, de la même façon, vivre en amitié, une fois libérés de l'influence turque. Il y a déjà des indices montrant que les Arméniens et les Kurdes se préparent à se réconcilier et à vivre ensemble, en amitié. Mais le trait caractéristique de la politique turque était de semer la discorde parmi les races assujetties, pour les rendre moins puissantes et aussi pour pouvoir justifier les atrocités que les Turcs commettent toujours. Je suis donc entièrement d'accord pour affirmer que le Gouvernement turc a donné des preuves absolues de son incapacité à gouverner les races soumises à sa puissance, que les jours de sa domination touchent à leur fin, et j'espère qu'on ne lui donnera plus jamais l'occasion de recommencer... »

Déclaration franco-anglaise (novembre 1918). — Le Gouvernement français, d'accord avec le Gouvernement britannique, a décidé de faire la déclaration conjointe ci-dessous, pour donner aux populations non turques des régions situées entre le Taurus et le golfe Persique, l'assurance que les deux pays, chacun en ce qui le concerne, entendent leur assurer la plus large autonomie, afin de garantir leur affranchissement et le développement de leur civilisation :

« Le but qu'envisagent la France et la Grande-Bretagne
en poursuivant en Orient la guerre déchaînée par l'am-
bition allemande, c'est l'affranchissement complet et dé-
finitif des peuples si longtemps opprimés par les Turcs et
l'établissement de Gouvernements et Administrations nationaux puisant leur autorité dans l'initiative et le libre
choix des populations indigènes. Pour donner suite à ces
intentions, la France et la Grande-Bretagne sont d'accord
pour encourager et aider à l'établissement de Gouvernements et d'Administrations indigènes en Syrie et en Mésopotamie actuellement libérées par les Alliés ou dans les
territoires dont ils poursuivent la libération, et pour reconnaître ceux-ci aussitôt qu'ils seront effectivement établis. Loin de vouloir imposer aux populations de ces
régions telles ou telles institutions, elles n'ont d'autre
souci que d'assurer par leur appui et par une assistance
efficace le fonctionnement normal des Gouvernements et
Administrations qu'elles se seront librement donnés. Assurer une justice impartiale et égale pour tous, faciliter
le développement économique du pays, en suscitant et en
encourageant les initiatives locales, favoriser la diffusion
de l'instruction, mettre fin aux divisions trop longtemps
exploitées par la politique turque, tel est le rôle que les
deux Gouvernements alliés revendiquent dans les territoires libérés. »

Télégramme du baron Sonnino au Président de la Délégation nationale arménienne :

« Rome, 13 octobre 1918.

« J'ai reçu le télégramme que Votre Excellence a bien
voulu m'adresser pour m'exprimer les vœux de la Nation
arménienne dans l'éventualité d'une demande d'armistice
et de paix de la part de la Turquie.

« Je tiens à assurer Votre Excellence que le Gouvernement Royal s'appliquera avec la plus vive sollicitude à sauvegarder les intérêts de l'Arménie dont les souffrances ont eu un retentissement profond parmi nous.

J'ai donné toute mon attention aux demandes que Votre Excellence a bien voulu me formuler concernant les conditions de l'armistice.

« Je prie Votre Excellence de croire à la vive sympathie que la cause arménienne inspire au Gouvernement Royal et à la Nation Italienne.

« SONNINO ».

Extrait du compte-rendu de la séance du 26 novembre 1918 de la Chambre des députés d'Italie, d'après les journaux La Epoca, Il Corriere della Sera et Il Secolo.

L'honorable Luzzati développe l'ordre du jour suivant :

« La Chambre exprime sa confiance que le Gouvernement, fidèle à la tradition nationale et non oublieux des liens historiques, soutiendra l'indépendance politique de l'Arménie affranchie de la triple tyrannie séculaire...

« ...Si la convenance de clôturer cette discussion ne m'imposait pas la plus grande brièveté, je voudrais démontrer à la Chambre que, dans la graduation du martyre, les Arméniens, avec les Juifs, tiennent la première place ; on pourrait les appeler les « protomartyrs ».

« Inénarrables sont les malheurs de ce peuple supérieur en civilisation... Même après l'armistice, auquel suivra — on aime à l'espérer — la fin du Gouvernement turc, les Alliés n'ont pas pensé sauver les Arméniens des Ottomans qui, pour faire acte de souveraineté, se livrèrent à nouveau, dans ces dernières semaines même, aux tueries habituelles. C'est le massacre des Arméniens qui a ouvert cette guerre épouvantable, et qui, peut-on dire, en marque aussi la fin. En effet, c'est après l'Assemblée d'Erzeroum où tous les représentants du peuple arménien réunis, avec un geste magnanime qui restera dans l'histoire, refusèrent les offres des délégués turcs les tentant par l'alléchante promesse d'une autonomie, pourvu qu'ils prissent position contre les Alliés, que fut inauguré ce terrible carnage dans lequel les Kurdes, les sicaires des Turcs, massacrèrent environ 700.000 Arméniens. Cette tuerie, par son mode d'exécution et par sa férocité, n'a pas de précédent dans l'histoire.

« Le temps me manque pour raconter comment les volontaires arméniens, rangés de notre côté, ont accompli dans le Caucase et en Palestine des actes héroïques et d'heureux faits d'armes, qui ont mérité d'être cités à l'ordre du jour de la Chambre des Communes, à Londres.

« Il est permis de s'étonner que les Gouvernements alliés, qui reconnurent (et ils firent bien) l'autonomie et la représentation politique des Polonais, des Tchèques et des Yougo-Slaves, n'aient pas encore consenti ces mêmes droits aux Arméniens, investis du privilège de l'infortune... »

Après l'armistice. — Le 16 février 1919, M. Poincaré, Président de la République française, adressait à S. B. Mgr. Paul-Pierre XIII Terzian, Patriarche des Arméniens catholiques de Cilicie, une lettre dont voici le passage principal :

« ...L'Arménie n'a pas douté de la France, comme la France n'a pas douté de l'Arménie, et, après avoir supporté ensemble les mêmes souffrances pour le triomphe du Droit et de la Justice dans le monde, les deux pays amis peuvent aujourd'hui communier dans la même allégresse et la même fierté. Le Gouvernement de la République ne considère pas comme étant aujourd'hui accomplie la tâche qui lui incombe vis-à-vis des populations arméniennes. Il sait le concours que l'Arménie et plus particulièrement le noble pays de Cilicie attendent de lui pour jouir en toute sécurité des bienfaits de la paix et de la liberté, et je puis assurer Votre Béatitude que la France répondra à la confiance qu'Elle lui a témoignée à cet égard... »

En juillet 1919, M. Pichon, Ministre des Affaires étrangères, adressait à M. Albert Thomas la lettre suivante :

« La Délégation Nationale Arménienne qui groupe tous les Arméniens de toute origine et de toute opinion dans une admirable union sacrée, a tenu un contact étroit avec mon Département et a pu assurer ses compatriotes des sentiments que la France nourrit en leur faveur et des efforts qu'elle fait pour leur assurer un avenir meilleur.

« La création de la Légion d'Orient où ont afflué les volontaires arméniens, qui forment trois bataillons affectés au détachement français de Syrie-Palestine, a bien marqué aux yeux de tous que la France considère les Arméniens comme des alliés luttant pour secouer le joug du militarisme germano-turc. »

« S. Pichon ».

Extrait de la réponse de M. Clémenceau, Président du Conseil suprême, à la première Délégation turque :

« ...La conclusion évidente de ces faits semblerait être la suivante : La Turquie, sans la moindre excuse et sans provocation, a attaqué de propos délibéré les Puissances de l'Entente, et, ayant été battue, elle a fait tomber sur les vainqueurs la lourde tâche de régler la destinée des populations variées qui composent son Empire hétérogène. Ce devoir, le Conseil des principales Puissances alliées et associées désire l'accomplir, autant du moins qu'il concorde avec les vœux et les intérêts permanents des populations elles-mêmes. »

Le 16 juillet 1920, à Spa, *M. Millerand*, Président du Conseil, au nom du Conseil suprême, répondait à la Délégation turque :

« Les Alliés voient clairement que le temps est venu de mettre fin et pour toujours à la domination des Turcs sur d'autres nations... Durant les 20 dernières années, les Arméniens ont été massacrés dans des conditions de barbarie inouïe... Pour ces raisons, les Puissances alliées se sont résolues à émanciper du joug turc tous les territoires habités par des majorités de race non turque. Il ne serait ni juste, ni de nature à amener une paix équitable dans le Proche Orient que de contraindre de nombreuses populations non turques à rester sous la loi ottomane. »

Extrait d'une lettre de M. Orlando : « L'Italie, fidèle à ses traditions, ne peut manquer de considérer avec sympathie toutes les causes d'indépendance et de liberté des peuples opprimés ; et il en est ainsi de la cause de la noble nation arménienne que votre Comité défend avec tant de ferveur. »

Extrait d'une lettre du ministre Meda : « ... Je ne suis certainement pas en mesure de prévoir quelles seront exactement les solutions que recevront les divers problèmes qui seront soumis à l'examen international, mais il n'est pas possible de croire qu'on puisse oublier de prendre les mesures nécessaires pour mettre à jamais les très fidèles Arméniens à l'abri de l'oppression de leur ennemi irréductible, et pour leur permettre de renaître à la dignité de nation dans le libre développement de leurs propres énergies ; et je souhaite de tout cœur que cette renaissance se produise dans sa plus grande ampleur, car je ne doute pas que les Arméniens dans un avenir prochain seront le boulevard de la civilisation chrétienne en Asie contre tout retour du péril turc. »

Accord tripartite. — L'accord tripartite, signé par les gouvernements alliés le même jour que le traité de Sèvres, contenait les clauses suivantes :

Article 8. — Les Gouvernements français et italien retireront leurs troupes des zones respectives où leurs intérêts particuliers sont reconnus, lorsque les Puissances contractantes seront tombées d'accord pour considérer que ledit traité de paix est exécuté, que les mesures acceptées par la Turquie pour la protection des minorités chrétiennes ont été mises en vigueur et que leur exécution est efficacement garantie.

Article 9. — Chacune des Puissances contractantes, dont les intérêts particuliers sont reconnus dans une zone du territoire ottoman, acceptera par là même la responsabilité de veiller, en ce qui concerne les stipulations qui protègent les minorités dans ladite zone.

Smyrne. (1) — L'offensive de l'armée turque contre l'armée grecque, commencée dans la seconde moitié du mois d'août 1922, prit de grandes proportions à la fin du même mois. Au début de septembre, la démoralisation était complète dans l'armée grecque, qui ne se battait plus et évitait le contact avec l'armée kémaliste. Tandis qu'une partie de l'armée hellénique se laissait faire prisonnière par les Turcs, l'autre partie, le gros de l'armée, partagée én deux groupes, se dirigeait précipitamment, soit vers Brousse, soit vers Smyrne, siège de l'Etat-major de l'armée hellénique.

---

(1) En dehors des renseignements donnés ici même et puisés à la meilleure source, on pourra consulter, sur les atrocités de Smyrne, la dépêche du Ministre d'Arménie à Athènes, publiée dans *L'Arménie et la question arménienne, avant, pendant et depuis la guerre...* (Paris, 1922), p. 40 et suivantes.

La débâcle de l'armée hellénique allait avoir les conséquences les plus désastreuses pour les populations chrétiennes (arméniennes, européennes et grecques) des régions évacuées et en particulier de la circonscription de Smyrne.

Dès le début du mois de septembre, nombre d'officiers et de soldats grecs se précipitaient à Smyrne, pour s'embarquer en toute hâte. Derrière ces soldats en débandade, les populations chrétiennes d'Afioum, d'Ouchak, d'Alachéïr, de Salihli, de Kassaba, d'Eudémiche, de Manissa et d'autres localités se réfugièrent à Smyrne, frappées de panique et dans un état lamentable.

Le 3 septembre, le métropolite de Smyrne, Mgr Chrysostomos (1), l'archevêque arménien, Mgr Tourian, et le chef des Arméniens protestants se présentent chez M. Sterghiades, haut commissaire grec et gouverneur de Smyrne, qui leur déclare que la situation est extrêmement grave et leur conseille de faire des démarches auprès des consuls des Puissances étrangères.

Les jours suivants, les trois chefs de ces communautés religieuses se présentent chez les divers consuls.

Le consul de France leur donne l'assurance qu'il n'y a rien à craindre et que, même en cas de troubles, il n'y aurait pas de massacre en ville ; au surplus, aurait-il ajouté, des soldats français sont attendus pour protéger les chrétiens.

Le consul d'Italie les rassure également en leur disant que l'Italie, en protégeant ses 15.000 ressortissants disséminés dans la ville, protégera de ce fait les autres communautés chrétiennes.

Le consul de la Grande-Bretagne, après avoir âprement

---

(1) Voir son martyre, narré par René Puaux, *La mort de Smyrne* (Paris, 1922), p. 20-25.

critiqué la conduite de l'armée grecque en fuite, conseille aux chefs religieux d'aller demander au commandant grec de la place, M. Hadji-Auesti, de prendre des mesures énergiques pour arrêter l'avance de l'ennemi.

Le commandant Hadji-Auesti rassure les chefs religieux, en déclarant que l'armée kémaliste ne pourra pas entrer dans la ville de Smyrne, toutes précautions militaires ayant été prises à ce sujet.

Le 7 septembre, à la suite d'un conseil tenu par tous les chefs religieux, sous la présidence du cadi turc, de nouvelles démarches faites auprès des consuls reçoivent les mêmes assurances.

Peu rassuré, Mgr Tourian télégraphie, le 7 septembre, au patriarche arménien de Constantinople pour lui demander des navires, destinés à transporter la population arménienne en lieu sûr.

Le 8 septembre, au soir, la ville de Smyrne était sans gouvernement ; les autorités civiles et militaires s'étaient embarquées sur des navires de guerre. Toutes les casernes avaient été évacuées.

Le 9 septembre, au matin, le bruit se répand que l'armée kémaliste est aux portes de Smyrne, et que la populace turque, bien armée, envahit le marché, molestant et blessant nombre de chrétiens. Vers 10 heures du matin, les premières bandes kémalistes font leur entrée dans la ville ; la populace turque tente une première irruption dans le quartier arménien. Une fusillade d'un quart d'heure provoque la panique parmi les Arméniens, qui se réfugient dans leur cathédrale de Saint-Etienne.

L'armée kémaliste fait son entrée triomphale à Smyrne à 10 heures 1/2 du matin. Le va et vient avait déjà cessé dans le quartier arménien où la populace turque, armée jusqu'aux dents, se livre au pillage et au massacre. Bientôt tout le quartier est cerné par des soldats kémalistes et des gendarmes turcs.

Dans la nuit du 9 septembre, les quartiers grecs et les quartiers arméniens (Haïnotz, Karatache, Cordelio) deviennent le théâtre des cruautés turques : on pille les maisons, on emporte les meubles ; les femmes et les enfants turcs entraînent le butin, tandis que les hommes se livrent à la chasse et au meurtre des chrétiens. Les femmes et les jeunes filles chrétiennes subissent les outrages de la populace et de la soldatesque turques déchaînées.

Le 10 septembre, au matin, des crieurs publics juifs parcourent les quartiers arméniens, engageant leurs coreligionnaires à quitter ces quartiers qui étaient en danger, et à se réfugier dans le quartier juif. Après le départ et le déménagement des juifs, le pillage reprit de plus belle dans les quartiers arméniens. Vers les 3 heures de l'après-midi, un incendie se déclara dans une maison située à l'extrémité du quartier arménien contigu au quartier turc ; il fut immédiatement éteint par des marins anglais.

Le 11 septembre, le pillage et le massacre continuent. Dans la nuit de ce même jour, vers 2 heures du matin, un nouvel incendie se déclare dans la même maison que ci-dessus, et est encore éteint à temps.

Le 12 septembre, toutes les maisons du quartier arménien sont pillées et complètement vidées. Dans la plupart de ces maisons, il y avait de 1 à 4 cadavres. Le marché (quartier des affaires) est également pillé. De notables négociants arméniens, tels que les Bakirdjian, les Sivrissarian, les Iplikdjian, les Aznavorian, les Nikotian, les Khodjamanian, les Topalian subissent des pertes s'élevant de 200 à 300.000 livres anglaises. Les négociants grecs subissent le même sort. Tous les magasins, dépôts et entrepôts de ces importantes firmes sont pillés en plein jour ; les marchandises sont chargées sur des voitures et emportées dans les quartiers juif et turc.

La cathédrale arménienne de Saint-Etienne, avec sa belle coupole et ses colonnes en marbre, constituait le plus bel édifice de Smyrne. Ses attenances étaient très vastes, comprenant de nombreux immeubles et magasins. Dès le premier jour de panique plus de 10.000 personnes s'étaient réfugiées dans l'église et dans ses dépendances. Les Turcs l'attaquèrent à plusieurs reprises, sans réussir à s'en rendre maîtres. Le 11 septembre, 400 soldats allaient encore l'attaquer, quand un prêtre italien, le P. Dom Scagliarini, passant en automobile, apprit la détresse des réfugiés, intervint en leur faveur et les sauva du massacre. Cependant, en dépit des efforts de cet ecclésiastique, tout Arménien qui sortait de l'église était pillé par les soldats turcs massés au dehors. Quelques-uns furent torturés et tués.

L'église ayant été évacuée, les Turcs l'envahirent et la mirent au pillage : vases d'or et d'argent, calices d'or et croix incrustées de brillants et de pierres précieuses énormes, candélabres en argent massif, ornements aux tissus d'or, tapis de soie, merveilleuses œuvres d'art qui provoquaient l'admiration des visiteurs, tout fut pillé et emporté.

Le mercredi, 13 septembre, les crieurs publics, parcourant les rues des quartiers arméniens, invitèrent les Turcs qui s'y livraient encore au pillage, à les quitter sur le champ. Après le départ des Turcs, le feu prit, vers midi, dans le quartier arménien, et se propagea avec une rapidité foudroyante. Les pompiers accourus pour arrêter le sinistre furent empêchés d'accomplir leur besogne par la fusillade que les Turcs dirigeaient sur eux. Les Turcs ont voulu attribuer cette fusillade aux Arméniens réfugiés dans la cathédrale Saint-Etienne. C'était une calomnie odieuse, car les Arméniens avaient évacué cette église la veille même, et les Turcs l'occupaient.

Un second foyer d'incendie avait éclaté au Marché, qui avait été, auparavant, complètement pillé. Les Turcs voulurent allumer un troisième foyer à l'entrée du quartier

Tabakhané, où se trouvaient deux grands établissements scolaires : le collège américain de jeunes filles et le collège arménien de Sainte-Ripsimé. Des milliers de réfugiés grecs et arméniens se trouvaient dans ces deux établissements. L'intervention des marins américains sauva les réfugiés et les élèves, mais les bâtiments furent brûlés.

Non contents d'avoir créé trois foyers d'incendie, les Turcs firent tout leur possible pour les attiser et propager le feu dans tous les autres quartiers où ils savaient qu'il y avait des réfugiés chrétiens. Dans ce but, ils répandaient du pétrole et de la benzine, sur des centaines de maisons. De la sorte, et jusqu'au lendemain, plus de 5o.ooo bâtiments étaient réduits en cendres, dont 21 églises, 32 écoles, 5 consulats, 7 clubs, 5 banques, 5 hôpitaux. Le Gouvernement turc sauva intentionnellement de l'incendie le Crédit Lyonnais, la Banque nationale de Grèce, les bureaux Guiffrey et le collège italien.

L'incendie avait pris des proportions énormes. Les habitants, affolés, se précipitaient dans les rues pour gagner les quais. Ce fut, pendant toute la nuit, une scène infernale : d'un côté, l'immense muraille de feu ; de l'autre, une mer en furie ; partout les baïonnettes des soldats, les poignards de la populace ; partout le pillage, l'insulte, les tortures, la mort. Dans la fuite précipitée, on se débarrassait des paquets contenant les objets les plus précieux ; on ne songeait qu'à sauver sa vie. Beaucoup furent frappés de paralysie. D'autres se jetèrent à la mer, avec leurs femmes et leurs enfants.

Les cris déchirants des mères qui avaient perdu leurs enfants, les cris de souffrances s'échappant de toutes les poitrines rendaient ces heures lugubrement tragiques.

Devant ce spectacle tragique, (1) la cruauté impitoya-

____

(1) A rapprocher du récit d'un témoin oculaire : « En Asie-Mineure, la haine de tous les musulmans, depuis Moustapha Kemal jusqu'au dernier des hamals, contre tous les chrétiens quels qu'ils soient, est d'une violence

ble des Turcs rivalisait avec les moyens insuffisants de sauvetage dont disposaient les Européens. Des soldats turcs se lançaient au galop à travers la foule, provoquant des remous et des heurts, qui précipitaient les chrétiens dans la mer. Des coups de fusil, fréquemment tirés, augmentaient encore la panique. Dans cette nuit lugubre, les marins étrangers purent, au prix de nombreuses difficultés, transporter sur leurs bâtiments leurs propres sujets et leurs protégés. Un certain nombre d'Arméniens et de Grecs purent aussi, à travers mille souffrances, s'embarquer avec ces derniers.

Le 14 septembre, au matin, la rade de Smyrne présentait le spectacle d'un lieu où se serait produit un naufrage effroyable. De nombreux cadavres, ballotés par les vagues, se heurtaient aux quais, pour s'en éloigner ensuite et y revenir peu après. Des barques, sans gouvernail ni

---

inexprimable. Vis-à-vis des Arméniens et des Grecs, qui habitaient le pays, la politique est d'une extrême simplicité : disparition ou extermination. Je ne parle que de ce que j'ai vu. A Mersine, à Adalia, à Smyrne, il n'y a plus de chrétiens, à part le personnel des consulats et quelques sujets européens. Les quartiers grecs de Mersine et d'Adalia sont déserts, complètement pillés, en ruine déjà. Les Turcs n'entretiennent aucune de ces maisons dont certaines sont bien construites et laissent la végétation tout envahir. Dans quelques mois, rien ne subsistera plus. Dans la région de Smyrne, *tous* les villages grecs ont été brûlés de fond en comble et toute la population massacrée ou forcée de s'exiler. Le long des côtes charmantes du golfe, parmi les champs que personne ne laboure plus et les vignes que les mauvaises herbes étouffent, il n'y a plus que des murs écroulés et la mort. A Smyrne même, le massacre, que les autorités consulaires ont été impuissantes à enrayer, a fait des milliers de victimes dans des conditions d'atrocité inouïe. La ville, promise depuis de longues semaines comme objectif de pillage, aux soldats de Moustapha Kemal, leur a été livrée sans que les généraux ou les officiers fissent le moindre effort pour enrayer ou canaliser ce débordement de passion et de haine. Le Consul de France a vu, sous ses yeux, noyer des dizaines de chrétiens, que l'on achevait dans l'eau à coup de pied, sous l'œil même des chefs. La nuit, les projecteurs de nos navires éclairaient la foule mourante de faim et de soif, qui s'écrasait sur les quais et d'où s'élevaient des hurlements. Cette foule, habituée depuis des siècles à notre protection, regardait nos canons muets qui eussent en quelques instants rétabli l'ordre. L'incendie provoqué par les foyers très nombreux allumés sur des points très différents de la ville par les Arméniens au désespoir, les pillards turcs soucieux de dissimuler leurs meurtres, les soldats grecs pris de panique, semble avoir été un fait spontané, qui ne fut prévu ou concerté ni par les uns ni par les autres ; le fait subsiste que les Turcs ne firent rien pour limiter le désastre et que le quartier turc resta intact. (R. LAURENT-VIBERT, *L'Orient en mai 1923. Notes de voyages* (Lyon, impr. M. Audin), in-4', p. 6-7.

rames, dansaient sur les eaux ; lestées de leurs voyageurs, elles étaient le jouet des flots. Tout le long des quais, l'incendie achevait de consumer sa proie.

La foule, stupéfaite, se tenait sur les quais, aussi loin que possible du feu, harassée de fatigue, saisie de frayeur, hébêtée par le drame qui venait de se dérouler à ses yeux.

Tôt après, commencèrent les arrestations et les déportations. Les soldats kémalistes parcouraient les rangs de la foule et arrêtaient les hommes de 14 à 70 ans. On les emmenait à la caserne, après les avoir, en cours de route, battus et maltraités. La caserne ne tarda pas à être remplie. On forma alors des convois de 3 à 5.000 hommes, qui furent conduits sous escorte à Bounar-Bachi. Les soldats, à cheval, obligeaient les déportés à les précéder en courant devant les chevaux lancés au galop. Beaucoup succombèrent, dans cette course folle. On les achevait à coups de baïonnettes. Le convoi était réduit d'un quart environ, en arrivant à Bounar-Bachi. Durant ce trajet de 2 heures 1/2, on ne s'arrêtait qu'une fois, non pour accorder du repos aux déportés, mais pour les fouiller et les piller plus à l'aise. Trois jours durant, des convois partirent ainsi pour Bounar-Bachi. Cette localité était devenue un lieu de concentration.

Après quelques jours, sur des ordres venus de haut, on renvoya les vieillards, tandis qu'on emmenait les hommes valides vers l'intérieur. Le nombre des hommes ainsi déportés atteignit de 70 à 80.000. Les femmes et les jeunes filles furent enlevées et emmenées vers Balzova, Mersinli, où elles furent livrées à la soldatesque...

Avec Smyrne, la politique des massacres, commencée en 1894, avait fait le tour des centres chrétiens de l'Empire ottoman.

Conférences de Lausanne. — *La Question arménienne à la Première Conférence de Lausanne.*

1922. Novembre. Mémoire présenté aux principales Puissances Alliées par les Délégations arméniennes réunies ; celles-ci demandent la création d'un Foyer national arménien en Turquie.

— Appels du monde chrétien et des intellectuels français et allemands à la conférence de la paix. Le texte de ces appels sera reproduit dans la *Revue des Etudes arméniennes*, 1923.

— 12 décembre. Lord Curzon propose, dans la Commission n° 1, la création d'un Foyer National Arménien, en territoire turc, soit dans les provinces du Nord-Est, soit en Cilicie ou en Syrie turque.

— 13 décembre. Ismet pacha repousse l'idée de la création d'un Foyer National Arménien. Lord Curzon menace de quitter la Conférence.

— Réponse d'Ismet pacha (voir *Le Temps* du 15, 12, 1922). La Turquie promet d'entrer dans la S.D.N.

— 26 décembre. Riza Nour adresse une protestation au président de la Sous-Commission des minorités, qui a décidé d'entendre les délégués arméniens et bulgares (voir l'*Eclair* et *Le Temps* du 27, 12, 1922). En conséquence, les représentants alliés seuls entendent les revendications des Arméniens. M. Noradounghian lit un exposé suivi d'une déclaration de M. Aharonian.

— 31 décembre. La délégation américaine insiste sur la création du Foyer National Arménien et dépose devant la Sous-Commission des minorités les documents que lui avaient fournis des sociétés américaines. La Délégation turque proteste contre toute proposition ou suggestion faite par le représentant des Etats-Unis (voir *Le Temps*, 1, 1, 1923).

1923. 6 janvier. Les délégués anglais, français et italien demandent à la Délégation turque d'accorder un régime spécial aux Arméniens dans les cadres de la Turquie nouvelle. Incident Riza Nour (voir *Journal des Débats*, 8, 1, 1923). (1)

— 8 janvier. Note des chefs des délégations alliées à Ismet pacha sur l'attitude de Riza Nour (voir *Le Temps* du 8, 1, 1923).

— 9 janvier. Réponse d'Ismet pacha : « La question d'une Arménie indépendante doit être considérée comme liquidée » (voir *Le Temps* du 9, 1, 1923 et l'article de M. Gauvain dans *Journal des Débats*, 9, 1, 1923).

— 10 janvier. Dans la Commission territoriale et militaire, M. Montagna (Italie), lit le rapport de la Sous-Commission des minorités : « Les suggestions faites à propos de la création de foyers nationaux arménien et assyro-chaldéen n'étaient que de simples recommandations, soumises à l'examen bienveillant de la Turquie. » Lord Curzon : « Les Alliés, abandonnant leur demande primitive, se contenteraient aujourd'hui d'un engagement moral de la Turquie, en vue de cer-

---

(1) Voir également René Puaux, *La Question d'Orient*, dans *Le Christianisme social*, n° d'avril 1923, p. 288 : « Riza Nour quitta la salle en claquant les portes. Et l'on assista à l'affligeant spectacle des délégations des trois grandes puissances chrétiennes, non seulement passant l'éponge sur l'incident lui-même..., mais acceptant de ne plus défendre à Lausanne la cause arménienne. »

taines mesures que celle-ci prendrait après la paix en toute indépendance. Il n'est donc plus question de foyer national arménien ou autre. » Ismet pacha : « Quant aux foyers arménien ou autres, ce sont des questions qui ne souffrent même pas la discussion » (voir *Le Temps* du 11, 1, 1923).

1923. 26 janvier. Proposition russe d'installer sur le territoire de la F.R.S.R. un nombre considérable d'émigrés arméniens.

— « L'abandon des chrétiens d'Orient devait être, pour les Turcs, la pierre de touche de la lâcheté des Puissances. Dès lors, du 6 janvier au 4 février, les exigences kémalistes vont croissant. De la capitulation initiale doivent découler toutes les autres... La presse kémaliste déverse des injures sur la France et ménage l'Angleterre... En abandonnant les Arméniens à leur sort, nous avons consommé notre propre ruine... » (René PUAUX, dans *Le Christianisme social*, n° d'avril 1923, p. 287 et suivantes).

Deuxième Conférence de Lausanne.

1923. 4 juin. Les Turcs refusent aux Arméniens, qui ont quitté la Turquie, le bénéfice de l'amnistie générale. On décide la confiscation par les Turcs des biens et propriétés appartenant à ces Arméniens.

Dispersion et souffrances des Arméniens. — La première et la deuxième Conférences de Lausanne ont donc complètement étouffé les justes revendications arméniennes. Malgré les promesses solennelles que les Alliés avaient faites, ceux-ci se trouvèrent désarmés devant l'intransigeance des Turcs, venus à Lausanne, non plus comme vaincus, comme ce fut le cas à la Conférence de Paix à Paris, mais comme vainqueurs, pleins de prétentions exagérées.

La question d'un foyer national arménien étant ainsi écartée *sine die*, d'autre part les Arméniens qui auraient pu peupler ce foyer ayant été dispersés, la question la plus douloureuse qui préoccupe aujourd'hui les Arméniens et les philanthropes européens et américains, et à plus forte raison les chrétiens, est la situation lamentable de ces infortunés Arméniens. N'ayant pu sauver que leur vie, ils se sont réfugiés dans différents pays.

Ces réfugiés, actuellement sans patrie, appartiennent à toutes les classes de la Société. Les ouvriers, les artisans, les agriculteurs sont en aussi grand nombre que les rentiers, les commerçants, les industriels, les intellectuels. Le plus grand nombre sont presque à l'état de nudité, ou couverts de vêtements en lambeaux. Dans la précipitation du départ, ils ont non seulement tout abandonné, mais ils n'ont pu prendre aucun papier d'identité. De sorte que l'on a toutes les peines du monde à leur constituer un état-civil et un passeport en règle, dans le cas où ils se verraient dans l'obligation de voyager.

Les autorités arméniennes comptent environ 800.000 personnes qui se trouvent dans cet état. Les agglomérations les plus importantes sont en Syrie (130.000 âmes environ) ; 40.000 dans l'île de Chypre, environ 100.000 en Grèce, une quarantaine de mille en Bulgarie et en Serbie, et très peu en Roumanie. Environ 150.000, expulsés de Turquie, se trouvent au bord de la mer Noire, dans une situation des plus précaires. Quelques milliers ont pu se rendre en Amérique ; quelques autres milliers en Angleterre, et 2 à 3.000 en France.

Ils sont campés soit en pleins champs, sans abri, à toutes les intempéries ; d'autres, plus fortunés, son¹ logés
dans des baraquements ; d'autres sont dans des locaux
momentanément disponibles ; d'autres enfin sont logés
dans les cours des églises. Ils couchent par terre, sur le
sol ou sur une planche (1) ; il n'y a à leur disposition ni
lits, ni couvertures.

Le sort lamentable de ces réfugiés arméniens est atténué
par les efforts des colonies arméniennes établies dans les
pays où ils débarquent, et par les colonies qui sont riches
et qui font beaucoup, comme celles d'Amérique, d'Egypte
et de Paris.

Malgré cet état de détresse dans leq⁰·· se trouvent ces
réfugiés, tout en campant en plein air, ils ont trouvé le
moyen de s'organiser en peu de temps, de créer des écoles
pour les petits, de fonder des journaux (Salonique, Syrie,
Paris).

Le haut clergé a été, dans certains endroits, d'un dé-
vouement remarquable. Les évêques et les archevêques
couchaient par terre, comme les simples mortels.

Combien de temps cet état de choses durera-t-il ? Personne, à l'heure actuelle, ne saurait le dire. L'humanité
de nos jours est certainement en progrès sur celle des
âges écoulés.

QUELQUES DATES

Avant J.-C.

714. Sargon, dans sa huitième campagne, contourne les
     lacs de Van et d'Ourmiah. Le nom de l'Arménie ne
     figure pas parmi ceux des pays traversés par le roi
     d'Assyrie.

---

(1) Voyez *Le Christianisme social*, n° de novembre 1922, p. 959-961.

5a1. Darius Ier Hystaspe. Mention de l'*Arménien* Dadar-
   chich sur l'inscription de Bissoutoun.

— Darius envoie un Persan, son serviteur, *en Arménie* (Bissoutoun).

484-4o6. Hérodote. Il donne de précieux renseignements
   sur les mariniers arméniens, qui pratiquaient la
   navigation fluviale sur l'Euphrate, d'Arménie à
   Babylone.

4o1. Xénophon, à la tête des Dix-Mille, traverse une partie de l'Arménie.

3r2-64. Les Séleucides, continuateurs de la politique
   d'Alexandre, imposent l'hellénisme à l'Asie.

r9o-1o. L'Arménie sous la dynastie d'Artaxias (Arda-
   chès).

r8a av. J.-C. à 2a6 ap. J.-C. Dynastie parthe. Originaires
   de la Bactriane, ces rois réagissent, du point de vue
   asiatique, contre l'hellénisme imposé par les Séleucides.

5r/5o. Cicéron, gouverneur de la Cilicie. En un an, il
   tire de cette province quasi ruinée la somme de
   2.2oo.ooo sesterces (r sesterce: o fr. 2o).

Après J.-C.
2-53. Dynasties étrangères.

53-287. Arsacides d'Arménie. Epoque païenne.

287-428. Arsacides d'Arménie. Epoque chrétienne.

242-652. Les Sassanides. Marquent une nouvelle réaction
   de l'Asie et de la religion de Zoroastre contre l'hellénisme et le christianisme naissant.

3o1 (?) Conversion officielle de l'Arménie au christianisme, sous le règne du roi Tiridate III. Œuvre de
Grégoire l'Illuminateur.

414. Invention de l'alphabet arménien, par Mesrop et
Sahak.

428. Chute de la dynastie arsacide d'Arménie.

429-885. L'Arménie sous les dominations perse, byzantine et arabe.

circa 45o. Premiers essais de traduction de la Bible en arménien.

867-1025. Empereurs byzantins, d'origine arménienne :
Maurice, Basile Iᵉʳ, Constantin VII Porphyrogé-
nète, Jean Tzimiscès, Basile II, etc., constituent la
période de l'histoire byzantine que Krumbacher a
dénommée « der Hœhepunkt ostrœmischer Macht-
fülle unter der armenischen Dynastie. »

885-1045. Dynastie des Bagratides en Arménie, avec Ani
pour capitale.

914-1080. Dynastie des Ardzrouniq dans le Vaspourakan,
avec Van pour capitale.

902-1064. Dynastie des Bagratides à Kars (branche ca-
dette).

xIᵉ siècle. Royaume arménien en Albanie du Caucase.

2ᵉ moitié du xIᵉ siècle. Invasions des Turcs Seldjoukides
en Arménie. Ils s'emparent d'Ani, 1045.

1080-1196. Principauté arménienne en Cilicie. Barons.

1196-1342. Royaume d'Arméno-Cilicie, sous les dynasties arméniennes Roubénienne et Héthoumienne.

1342-1375. Royaume d'Arméno-Cilicie, sous les Lusignan.

1393. Léon VI, dernier roi d'Arménie, meurt à Paris.

xiii°-xv° siècle. Invasions et domination des Mongols dans la Grande Arménie, Tamerlan, Gengis khan (voir les renseignements de Marco Polo).

1453. Prise de Constantinople par les Turcs Ottomans. Création du patriarcat arménien à Constantinople.

xvi°-xix° siècle. L'Arménie sous les dominations turque et persane.

1715. Fondation de la Congrégation mkhithariste à Venise, qui devient le foyer de la culture arménienne.

1828. L'Arménie partagée entre la Russie, la Perse et la Turquie.

1863. Constitution nationale, octroyée aux Arméniens par le sultan.

1878 (mars). Traité de San Stefano. Promet des réformes aux Arméniens (article 16).

1878 (13 juillet). Traité de Berlin (article 61).

1887. Fondation du premier parti politique arménien, Hentchakiste.

1894. Début de la politique de massacres.

1908. Avènement des Jeunes-Turcs. Turquisation et islamisation à outrance.

1913-1914. Projet des grandes Puissances (France, Russie, Angleterre, Allemagne) présenté par les ambassadeurs de ces puissances à Constantinople, divisant l'Arménie en deux régions, ayant chacune à sa tête un gouverneur chrétien européen.

1914 (août). De nombreux volontaires arméniens s'enrôlent dans les rangs de l'armée française et forment plusieurs compagnies.

1915. Déportation des Arméniens des six provinces arméniennes de Turquie dans les déserts de Syrie et de
Mésopotamie.

1916. Formation de la Légion arménienne, au Caire et
dans l'île de Chypre.

1918 (30 octobre). Armistice de Moudros, signé entre les
Puissances alliées et la Turquie.

1919-1921. Occupation de la Cilicie par les forces anglo-
arméno-françaises.

1920 (10 août). Traité de Sèvres.

1921 (20 octobre). Accord d'Angora (accord Franklin-
Bouillon). La France évacue la Cilicie.

1922 (11 octobre). Convention de Moudania, signée par
les délégués militaires de l'Angleterre, de la France,
de l'Italie et de la Turquie. Met fin à la guerre entre
la Turquie et la Grèce.

nov. 1922-février 1923. Première Conférence de Lausanne. On y enterre la question arménienne et on
abandonne à leur malheureux sort les minorités
chrétiennes de l'Empire ottoman.

BIBLIOGRAPHIE DE LA PREMIÈRE PARTIE

(ORDRE CHRONOLOGIQUE)

Géographie et Topographie.

1818-1819. *Mémoires historiques et géographiques sur l'Arménie*, par J. Saint-Martin (Paris, Imprimerie royale), 2 vol. in-8°.

1899. *Sissouan, ou l'Arméno-Cilicie. Description géographique et historique*, avec carte et illustrations... par [le P. Léonce Alichan], (Venise, Saint-Lazare), in-fol., vii+559 pages.

1901. *Armenia. Travels and Studies*, by H. F. B. Lynch... with 197 illustration..., numerous maps and plans, a bibliography and a map of Armenia and Adjacent countries... (London, Longmans, Green and C°), 2 vol. in-8°. [I. The russian provinces. — II. The turkish provinces].

1904. *Die altarmenischen Ortsnamen, mit Beiträgen, zur historischen Topographie Armeniens und einer Karte*, von H. Hübschmann... (Strasbourg, K. J. Trübner), in-8°, paginé iv + 197-490. (Sonderabdruck aus dem 16. Bande der Indogermanischen Forschungen von K. Brugmann und W. Streitberg).

1918. *Notes historiques et géographiques sur l'Arménie*, par le colonel Brémond (Le Caire, impr. el-Maaref), in-8°, 171 pages.

1919. *Erzeroum, ou Topographie de la Haute Arménie.* Texte arménien de Hakovb Karnétsi (xviii° siècle), publié par K. Kostaneants (1903), traduit et annoté par Frédéric Macler (1917), (Paris, Imprimerie nationale), in-8°, 85 pages.

1919. A. Meillet. *La nation arménienne...* (Paris, Imprimerie nationale), in-fol., 21 pages et 2 cartes (Travaux du Comité d'études). [I. Origines historiques. — II. Conditions géographiques. — III. La question arménienne avant la guerre. — IV. Etat actuel de la question arménienne].

1921. E. Altiar. *Le Problème de Cilicie et l'avenir de la France au Levant.* Préface de F. Jean-Desthieux (Paris, Ernest Leroux), in-8° 55 pages.

1922. *La population arménienne de la région comprise entre la mer Noire et Karin (Erzeroum). Rapide coup d'œil historique et ethnographique*, par le P. Jacobus vard. Dasnin, traduit de l'arménien par Frédéric Macler (Vienne, impr. des Méchitharistes), in-16, 82 pages.

Histoire.

1818-1819. *Mémoires historiques et géographiques sur l'Arménie*, par J. Saint-Martin (Paris, Imprimerie royale), 2 vol. in-8°.

1856. *Esquisse de l'histoire de l'Arménie.* Coup d'œil sur l'Arménie ancienne et sur son état actuel, par G. v. Chahnazarian (Paris, Ch. Meyrueis), in-8°, 123 pages.

1882. *L'Arménie et les Arméniens*, par J.-A. Gatteyrias... Paris, L. Cerf), in-16, 144 pages.

1907. *Histoire des anciens Arméniens*, par Noël Dolens et A. Khatch... (Genève, publié par l'Union des étudiants arméniens de l'Europe), in-8°, 226 pages

1909. Kévork ASLAN. *Etudes historiques sur le peuple arménien* (Paris, G. Dujarric), in-8°, 339 pages.

1910. *Histoire politique et religieuse de l'Arménie*, par Fr. TOURNEBIZE. Tome I, depuis les origines des Arméniens jusqu'à la mort de leur dernier roi (l'an 1393)... (Paris, Firmin-Didot et Cⁱᵉ), in-8°, 872 pages.

1917. K. J. BASMADJIAN. *Histoire moderne des Arméniens,* depuis la chute du royaume jusqu'à nos jours (1375-1916)... (Paris, J. Gamber), in-8°, VIII + 165 pages.

1917. Frédéric MACLER. *Autour de l'Arménie* (Paris, E. Nourry), in-16, XVI+ 327 pages. [Avant-propos. Indications bibliographiques. La chaire d'arménien à l'Ecole Nationale des langues orientales vivantes. La Question arménienne et la Constitution nationale en Turquie (1860-1910). Les Arméniens en Turquie. Arménie et Turquie. Les origines du mouvement arménien, I et II. L'extermination d'un peuple. Les Jeunes-Turcs et l'Arménie].

1918. *Notes historiques et géographiques sur l'Arménie*, par le colonel BRÉMOND (Le Caire), in-8°, 171 pages.

1919. Jacques de MORGAN. *Histoire du peuple arménien depuis les temps les plus reculés de ses annales jusqu'à nos jours*. Préface par Gustave SCHLUMBERGER... Ouvrage illustré de 296 cartes, plans et dessins documentaires de l'auteur (Paris-Nancy, Berger-Levrault), in-8°, XVIII + 410 pages.

1919. *L'Arménie entre Byzance et l'Islam* depuis la conquête arabe jusqu'en 886, par J. LAURENT... (Paris, E. de Boccard), in-8°, XII + 398 pages.

1919. J. LAURENT... *Byzance et les Turcs Seldjoucides dans l'Asie occidentale jusqu'en 1081*. Avec une carte hors texte (Paris-Nancy, Berger-Levrault), in-8°, 1913, 140 pages. [La couverture imprimée porte la date : 1914 (1919)].

1919. Kévork MESROB. *L'Arménie au point de vue géographique, historique, ethnographique, statistique et cultural*. Autorisé par la Commission des documents du Conseil consultatif national arménien (Constantinople), in-8° 95 pages.

1921. *La Cilicie en 1919-1920*, par E. BRÉMOND (Paris, Imprimerie nationale, et librairie Paul Geuthner), in-8°, 76 pages, 17 fig. et une carte. [Extrait de la *Revue des Etudes arméniennes*, 1921]

1921. *La Question de Cilicie*. Discours prononcé le 24 décembre 1920 à la Chambre des Députés par M. BELLET. Extrait du *Journal Officiel*, annoté et suivi d'une *Notice sur la Cilicie*, par M. S. DAVID-BEG (Paris, H. Turabian), in-8°, 112 pages.

Histoire religieuse.

1857. *Histoire, dogmes, traditions et liturgie de l'Eglise arménienne orientale*, avec des notions additionnelles..., par Edouard DULAURIER, 2ᵉ édition... (Paris, A. Franck), in-12, 186 pages.

1873. *Le Vatican et les Arméniens*, par M. ORMANIAN (Rome, C. Bartoli), in-8°, 307 pages.

1892. *Die armenische Kirche* in ihren Beziehungen zur byzantinischen (vom IV. bis zum XIII. Jahrhundert), von D⁻ Arsak TER-MIKELIAN (Leipzig, G. Fock), in-8°, 121 pages.

1893. *Die Paulikianer im byzantinischen Kaiserreiche* und verwandte ketzerische Erscheinungen in Armenien, von Karapet TER-MKRTTSCHIAN... (Leipzig, J. C. Hinrichs) in-8°, XII + 165 pages.

1898. *The key of truth*, a manual of the paulician church of Armenia. The armenian text edited and translated with illustrative documents and introduction by Fred. C. Conybeare... (Oxford, Clarendon press), in-8° cxcvi + 201 pages.

1904. *Die armenische Kirche* in ihren Beziehungen zu den syrischen Kirchen bis zum Ende des 15. Jahrhunderts. Nach den armenischen und syrischen Quellen bearbeitet, von Dʳ Erwand Ter-Minassiantz... (Leipzig, J. C. Hinrichs), in-8°, xii + 212 pages.

1910. Malachia Ormanian... *L'Eglise arménienne*. Son histoire. Sa doctrine. Son régime. Sa discipline. Sa liturgie. Sa littérature. Son présent (Paris, E. Leroux), in-8°, x + 192 pages.

1917. *Théologie (arménienne)*, dans *Histoire universelle*, par Etienne Asolik de Tarón, traduite de l'arménien et annotée par Frédéric Macler... IIᵉ partie... (Paris, E. Leroux), in-8°, p. cxviii-cxxvi.

1920. Frédéric Macler. *L'Eglise arménienne* (Paris, E. Nourry), in-16, 36 pages.

Art.

1902. Gabriel Mourey. *La poésie et l'art arméniens*, dans *Poèmes arméniens anciens et modernes*, traduits par Archag Tchobanian... (Paris, A. Charles), in-16, p. 9-43.

1905. Gabriel Millet. *L'art byzantin*, dans *Histoire de l'art...*, publiée sous la direction de André Michel... (Paris, A. Colin), gr. in-8°, I, passim, à partir de la p. 127.

1909. R. P. Séraphin Abdullah et Frédéric Macler. *Etudes sur la miniature arménienne...* (Paris, P. Geuthner), in-8°, 46 pages et illustrations.

1910. Charles Diehl. *Manuel d'art byzantin* (Paris, A. Picard et fils), in-8°, [art de l'Arménie au viiᵉ siècle , p. 515-518 ; ses rapports avec Byzance, 515, 518-519 ; son art au xᵉ et xiᵉ siècle, 441-444 ; ses rapports avec l'art byzantin, 444-447].

1913. Frédéric Macler. *Miniatures arméniennes*. Vies du Christ. Peintures ornementales (xᵉ au xviiᵉ siècle), 68 planches en phototypie et 8 figures dans le texte... (Paris, P. Geuthner), in-fol., 44 pages.

1916. Gabriel Millet. *Recherches sur l'iconographie de l'Evangile aux xivᵉ, xvᵉ et xviᵉ siècles*, d'après les monuments de Mistra, de la Macédoine et du Mont-Athos... 670 gravures dans le texte et hors texte (Paris, Fontemoing et Cⁱᵉ), in-8°, lxiv + 809 pages [fait la place très large à la documentation arménienne].

1916. Idem. *L'Ecole grecque dans l'architecture byzantine...* (Paris. E. Leroux), in-8°, xxviii + 529 pages [relève l'importance de l'architecture arménienne. Nombreuses illustrations].

1917. *La France et l'Arménie à travers l'art et l'histoire*. Esquisse par Frédéric Macler... (Paris, H. Turabian), in-fol., 59 pages et nombreuses illustrations.

1918. Josef Strzygowski. *Die Baukunst der Armenier und Europa...* (Wien, Anton Schroll et Cⁱᵉ), 2 vol. in-fol., et nombreuses illustrations.

1919. Gabriel Millet. *L'ancien art serbe. Les églises...* (Paris, E. de Boccard), in-fol., 208 pages, nombreuses illustrations [rapprochements avec l'art arménien].

1920. *L'Evangile arménien*. Edition phototypique du manuscrit n° 229 de la bibliothèque d'Etchmiadzin, publiée sous les auspices de M. Léon Mantacheff, par Frédéric Macler... (Paris, Paul Geuthner), in-4°.

1920. *L'Architecture arménienne dans ses rapports avec l'art syrien*, par Frédéric MACLER (Paris, Paul Geuthner), in-4°, paginé 253-265, illustrations et 4 planches en couleurs. [Extrait de *Syria*, tome I, fascic. 4].

1921. *L'architecture arménienne aux VI° et VII° siècles*, par Charles DIEUL..., dans *Revue des Études arméniennes*, t. I, fasc. 3, p. 221-231, illustrations et 2 planches en couleurs.

1923. Frédéric MACLER. *Anciennes églises d'Arménie* (Paris, H. Turabian), in-8°, 62 pages et 52 fig.

1923. Frédéric MACLER. *Documents d'art arméniens. De arte illustrandi*. Collections diverses, avec 27 figures et dessins dans le texte et CIII planches hors texte... (Paris, Paul Geuthner), in-folio (sous presse).

Notions littéraires.

18.. *Quadro della storia letteraria di Armenia*, estesa da Mons. Placido Sukias SOMAL... (Venezia, tipografia armena di S. Lazzaro), in-8°, XIX + 240 pages.

1836. *Versuch einer Geschichte der armenischen Literatur nach den Werken der Mechitaristen frei bearbeitet*, von Carl Friedrich NEUMANN (Leipzig, J. A. Barth), in-8°, XII + 308 pages.

1898-1899. Archag TCHOBANIAN. *La littérature arménienne*, dans *Revue encyclopédique Larousse*, 27 août 1898, p. 756-760 ; 3 septembre 1898, p. 771-775 ; 8 juillet 1899, p. 521-526.

1903. IDEM. *Chants populaires arméniens*, traduction française avec une introduction... Préface de Paul ADAM (Paris, Ollendorff), in-16, LXXXII + 268 pages.

1906. IDEM. *Les trouvères arméniens...* traduction française avec une introduction... (Paris, Mercure de France), in-16, 297 pages.

1907. *Geschichte der christlichen Litteraturen des Orients*, von C. BROCKELMANN, F. N. FINCK, Joh. LEIPOLDT, Enno LITTMANN (Leipzig, C. F. Amelang), in-8°, p. 75-130 : *Geschichte der armenischen Litteratur*, von. F. N. FINCK.

1910-1920. *Petite Bibliothèque arménienne*, publiée sous la direction de F. MACLER (Paris, E. Leroux). 10 volumes ont paru.

1913. Minas TCHÉRAZ. *Poètes arméniens...* (Paris, E. Leroux), in-16, XI + 155 pages.

1918. *La Roseraie d'Arménie*. Tome I. ARAKEL de Sunik. Pages choisies... Traduction précédée d'une étude et suivie de notes, par Archag TCHOBANIAN. Ouvrage illustré de 29 hors-textes et de 26 gravures (Paris, éditions Ernest Leroux), gr. in-8° VIII + 120 pages.

1923. *La Roseraie d'Arménie*. Tome II. *Poèmes* de Nersès le gracieux, Sarkis, Constantin d'Erzenga... Traduction précédée d'une introduction et accompagnée de notices, par Archag TCHOBANIAN. Ouvrage illustré de nombreuses reproductions d'œuvres d'art arménien (Paris, éditions Ernest Leroux), gr. in-8°, XXI + 345 pages.

BIBLIOGRAPHIE DE LA DEUXIÈME PARTIE
(ORDRE CHRONOLOGIQUE)

1896. HIDAYETTE. *Abdul-Hamid révolutionnaire*, ou Ce qu'on ne peut pas dire en Turquie. (Zurich et Paris), in-16, 269 pages. [I. Abdul-Hamid, le Révolutionnaire. — II. Le prisonnier de Tchiraghan. — III. La constitution ottomane. — IV. Les premières réformes de Hamid. — V. La Sublime Porte abandonnée aux soins d'un brigand. — VI. Les exploits de Nazim pacha. — VII. Les ministres de l'Ecole Hamidié. — VIII. L'espion Nichâne et l'Anastasie ottomane. — IX. Le choléra à Constantinople. — X. La politique des abricots. — XI. Hamid-Yildiz et sa clique. — XII. Ce que devraient faire les Puissances européennes.]

1896. *Les massacres d'Arménie*. Témoignages des victimes. Préface de G. CLEMENCEAU (Paris, Mercure de France), in-12, 264 pages.

1897. *Le Livre jaune*, publié sous le titre : Ministère des affaires étrangères. Documents diplomatiques : *Affaires arméniennes*. Projets de réformes dans l'Empire ottoman, 1893-1897). (Paris, Imprimerie nationale), in-fol., 571 pages, plus un *Supplément* de 124 pages.

1900. Victor BÉRARD. *La politique du sultan* (Paris, Armand Colin), in-12, XII + 565 pages.

1902. Pierre QUILLARD. *Pour l'Arménie*. Mémoire et dossier. (Paris, 8, rue de la Sorbonne), in-18, 167 pages. [*Cahiers de la quinzaine*, 19ᵉ cahier de la 3ᵉ série.]

1910. A. ADOSSIDIS. *Arméniens et Jeunes-Turcs*. Les massacres de Cilicie (Paris, P.-V. Stock), in-16, 143 pages. [Avant les massacres. Le premier massacre d'Adana. Le deuxième massacre d'Adana. Le massacre dans le vilayet d'Adana. Le massacre dans le vilayet d'Alep. Le bilan des massacres. Après les massacres.]

1913. Georges GAULIS. *La ruine d'un Empire*. Abd-ul-Hamid, ses amis et ses peuples. Préface de Victor BÉRARD. (Paris, Armand Colin), in-12, II + 557 pages. [I. Abd-ul-Hamid à Yildiz-Kiosque. Le sultan diplomate. Le sultan financier. — II. Les amis d'Abd-ul-Hamid. Les Allemands à Constantinople. Guillaume II en Terre Sainte. — III. Les peuples d'Abd-ul-Hamid. Serbie et Macédoine. Bulgarie et Macédoine. En Albanie.]

1917. *Life of Abdul Hamid*, by sir Edwin PEARS. (London, Constable et Company Ltd), in-8°, X + 565 pages. [Makers of the nineteenth century, edited by Basil WILLIAMS.]

BIBLIOGRAPHIE DE LA TROISIÈME PARTIE
(ORDRE CHRONOLOGIQUE)

1915. *Rapport du Comité américain de New-York sur les atrocités commises en Arménie.* Traduit de l'anglais. Octobre 1915 (Paris, impr. Henri Durville), in-16, 63 pages.

[1915]. *Material zur Beurteilung des Schicksals der Armenier im Iahre 1915-1916.* Herausgegeben vom Geschäftsleitenden Ausschuss des Schweizerischen Hilfswerks 1915 für Armenien. 2. Heft. Nachdruck (S.l. n.d.), in-8°, 25 pages.

1915. *Quelques documents sur le sort des Arméniens en 1915.* Publié par le comité de l'œuvre de secours 1915 aux Arméniens. Imprimé comme manuscrit. (Genève, Société générale d'imprimerie), in-8°, 72 pages.

1915. *L'Arménie,* par Francis de PRESSENSÉ. (Paris, 48, rue de Lille), in-4°, paginé 161-174 (*Foi et Vie,* cahier B, n° 15).

1915. A. TCHOBANIAN. *L'Arménie sous le joug turc...* (Paris, Plon-Nourrit et Cie), in-8°, 39 pages.

1916. Arnold J. TOYNBEE. *Les massacres arméniens.* Préface de lord BRYCE. (Lausanne-Paris, Payot et Cie), in-8°, 158 pages et une carte.

1916. *Le traitement des Arméniens dans l'Empire ottoman (1915-1916).* Documents présentés au vicomte Grey of Fallodon, secrétaire aux Affaires étrangères, par le vicomte BRYCE. Avec une préface du vicomte BRYCE. (Laval, impr. de G. Kavanagh), in-8°, 555 pages + une carte. [Extraits du *Livre bleu* du Gouvernement britannique. Mélanges n° 31 (1916), traduits avec l'autorisation du vicomte Bryce.]

1916. Emile DOUMERGUE. *L'Arménie. Les massacres et la question d'Orient.* Conférence, études et documents... (Paris, librairie de *Foi et Vie*), in-8°, 209 pages et 2 cartes. [Editions de la Revue *Foi et Vie.* La morale et la politique des belligérants.]

1916. *Pour les Arméniens.* Discours prononcé par S. G. Mgr TOUCHET... en l'église de la Madeleine le dimanche 13 février 1916. (Paris, Bloud et Gay), in-8°, 18 pages.

1916. *Les derniers massacres d'Arménie.* Les responsabilités, par Herbert Adams GIBBONS... traduit de l'anglais. (Paris-Nancy, Berger-Levrault), in-12, 47 pages.

1916. René PINON. *La suppression des Arméniens.* Méthode allemande. Travail turc. (Paris, Perrin et Cie), in-8°, 75 pages.

1916. Une victime du pangermanisme, *L'Arménie martyre,* par l'abbé Eugène GRISELLE... (Paris, Bloud et Gay), in-8°, 128 pages.

1916. *Hommage à l'Arménie.* par MM. Paul DESCHANEL, Anatole FRANCE, Paul PAINLEVÉ, l'abbé WETTERLÉ, dans *La Revue des « amitiés franco-étrangères »,* n° de mai-juin, p. 4-35.

1916. *En Arménie,* par Berthe-Georges GAULIS, dans *L'Opinion,* n° du 15 juillet, p. 65-66.

[1916]. *Comment un drapeau sauva quatre mille Arméniens.* (Paris, Fischbacher), in-8°, 15 pages.

1917. La guerre européenne et les enseignements de l'histoire. *La Résurrection de l'Arménie.* Sa grandeur passée. Son avenir. Manifestation pour l'indépendance de l'Arménie. Florence, palazzo vecchio, sala del Cinquecento, 10 juin 1917. Discours de A. Augustin REY... 4e édition. (Paris, J. Meynial), in-8°, 35 pages.

— 107 —

1917. Dr Harry STUERMER. *Deux ans de guerre à Constantinople*. Etudes de morale et politique allemandes et jeunes-turques. (Paris, Payot et Cie), in-16, 267 pages.

1917. *Le sort de l'empire ottoman*, par André MANDELSTAM... (Paris, Payot et Cie), in-8°, xii + 651 pages.

[1917] Henri BARBY. *Au pays de l'épouvante*. L'Arménie martyre. Préface de Paul DESCHANEL... (Paris, Albin Michel), in-16, v + 260 pages et nombreuses illustrations.

1918. *The tragedy of Armenia*, by the late American ambassador at Constantinople Henry MORGENTHAU (London, Spottiswoode, Ballantyne and C°), in-8°, 16 pages.

1918. *Les faits les plus horribles de l'histoire*, par Henri MORGENTHAU... (Paris, impr. Flinikowski), in-8°, 16 pages.

1919. Dr Joh. LEPSIUS. *Deutschland und Armenien*. 1914-1918. Sammlung diplomatischer Aktenstücke. (Potsdam, Tempelverlag), in-8°, 541 pages.

1919. Dr M. NIEPAGE. *Eindrücke eines deutschen Oberlehrers aus der Turkei* (Potsdam, Tempelverlag), 2e édit., in-8°, 14 pages.

1919. A. Augustin REY. *La question arménienne devant l'Europe*. Son indépendance, devoir sacré de la chrétienté, 2e édit. (Paris, J. Meynial), in-12, 80 pages.

1919. *Mémoires de l'ambassadeur* MORGENTHAU. Vingt-six mois en Turquie, par Henri MORGENTHAU, ambassadeur des Etats-Unis à Constantinople avant et pendant la guerre mondiale. (Paris, Payot et Cie), in-8°, 548 pages.

1920. Aram ANDONIAN. *Documents officiels concernant les massacres arméniens*. Reproduction photographique d'un grand nombre de documents. Traduit du manuscrit arménien, avec l'autorisation de l'auteur, par M.-S. DAVID-BEG. (Paris, impr. de H. Turabian), in-8°, 168 pages.

1920. *Les Assyro-Chaldéens et les Arméniens massacrés par les Turcs*, par J. NAAYEM. Ouvrage illustré d'après des documents inédits. (Paris, Bloud et Gay), in-16, iv + 285 pages.

1920. Prof. V. TOTOMIANTZ. *L'Arménie économique*. Préface de Luigi LUZZATI. Traduit de l'italien par M.-S. DAVID-BEG. (Paris, H. Turabian), in-8°, 96 pages.

1921. *Et l'Arménie...?* Discours prononcé à Genève, le 19 décembre 1920, par A. KRAFFT-BONNARD... (Genève, imp. Jent), in-8° oblong, 19 pages.

1921. *Sans foyers !* Le cri de détresse de l'Arménie, par A. KRAFFT-BONNARD (Genève, Société générale d'imprimerie), in-8°, 26 pages.

1922. Délégation de la République arménienne. *L'Arménie et la Question arménienne, avant, pendant et depuis la guerre*. Avec sept annexes et deux cartes hors texte. (Paris, H. Turabian), in-8°, 137 pages.

1922. Délégation de la République arménienne. *L'Arménie au point de vue économique*. Richesses minérales de l'Arménie. Réserves aqueuses de la République arménienne. Chemins de fer de l'Arménie. L'agriculture en Arménie. Avec deux cartes et trois annexes hors texte. (Paris, Les Presses universitaires de France), in-8°, 119 pages.

1922. *L'Heure de l'Arménie*, par A. KRAFFT-BONNARD..., avec préface de H. LA FONTAINE, sénateur de Belgique (Genève), in-8°, 56 pages.

1922. F. MACLER. *L'Arménie*. Simple memorandum (Paris), in-8°, 29 pages.

1922. René PUAUX. *La mort de Smyrne*. (Paris, édition de la *Revue des Balkans*), in-8°, 32 pages.

1923. *The case for Armenia...* (The British Armenia Committee), in-8°, 15 pages.

1923. Ministère des affaires étrangères. *Documents diplomatiques. Conférence de Lausanne.* Tome I, 21 novembre 1922-1er février 1923. (Paris, Imprimerie nationale), in-fol., VI + 616 pages. [Lausanne. Livre jaune.]

1923. Félix SARTIAUX. *La destruction et l'exode des indigènes d'Asie-Mineure,* dans *Revue politique et littéraire. Revue bleue,* 3 mars, p. 148-153.

1923. A. KRAFFT-BONNARD. *L'Arménie à la Conférence de Lausanne...* (Paris, Foi et Vie), in-8°, 51 pages.

N. B. — On trouvera de plus amples renseignements bibliographiques dans la *Revue des Etudes Arméniennes.* — La plupart des ouvrages indiqués ici peuvent être consultés à la Bibliothèque nationale et à la Bibliothèque de l'Ecole Nationale des langues orientales vivantes. — On peut se les procurer à la librairie Paul Geuthner, 13, rue Jacob, Paris, VIe.

TABLE DES MATIERES

LIMITES:
Ancienne frontière russo-turco-persane (1913).
Frontière de l'Arménie actuelle, depuis oct. 1921.
Frontière turco-arménienne établie par l'arbitrage du Président Wilson. (Traité de Sèvres art. 89).
Territoires cédés à la Turquie par le traité de Kars (13 oct. 1921).
Zone autonome mis sous le protectorat azerbaïdjanien par le traité de Kars.
MER NOIRE
BATOUM
TREBIZONDE
ARMÉNIE
(HAÏASTAN)
Dressée et dessinée par: Raphaël Chichmanian
DIVISIONS HISTORIQUES
I. CILICIE.
II. PETITE ARMÉNIE:
① 1re ARMÉNIE   ② 2me ARMÉNIE   ③ 3me ARMÉNIE
III. GRANDE ARMÉNIE:
④ HAUTE ARMÉNIE.   ⑨ KORDJER,   ⑭ SIOUNIQ,
⑤ TOUROUBERAN,   ⑩ VASPOURAKAN,   ⑮ OUTI,
⑥ 4me ARMÉNIE,   ⑪ PERSARMÉNIE,   ⑯ GOUGARQ,
⑦ ALDZNIQ,   ⑫ PAÏTAKARAN,   ⑰ TAÏQ,
⑧ MOKQ (MUKS),   ⑬ ARTSAKH,   ⑱ AÏRARAT.
Chemin de fer
Echelle kilométrique
Les cotes d'altitudes sont évaluées en mètre.
PERSE
TABRIZ
MER CASPIENNE
AZERBEIDJAN
BAKOU
TIFLIS
ERIVAN
KARS
ERZEROUM
MÉSOPOTAMIE
MOSSOUL
KOURDISTAN
SYRIE
ADANA
ALEP
OURFA
CAPPADOCE